HISTOIRE
ROMAINE
ÉLÉMENTAIRE,

ACCOMPAGNÉE DE TABLEAUX ET DE CARTES QUI EN
FACILITENT L'ÉTUDE,

PAR Mme L. DE SAINT-OUEN,

Auteur de l'Histoire de France, de l'Histoire Ancienne et
de l'Histoire Sainte.

OUVRAGE ADOPTÉ

Par le Conseil royal de l'Instruction publique.

CINQUIÈME ÉDITION.

PARIS,

A LA LIBRAIRIE CLASSIQUE
DE MADAME VEUVE MAIRE-NYON,
Quai Conti, 13;

ET CHEZ HACHETTE, LIBRAIRE,
Rue Pierre-Sarrasin, 12.

—

1844

HISTOIRE

ROMAINE.

HISTOIRE

ROMAINE

ÉLÉMENTAIRE,

ACCOMPAGNÉE DE TABLEAUX ET DE CARTES QUI EN FACILITENT L'ÉTUDE,

PAR Mme L. DE SAINT-OUEN,

Auteur de l'Histoire de France, de l'Histoire Ancienne et de l'Histoire Sainte.

OUVRAGE ADOPTÉ

Par le Conseil royal de l'Instruction publique.

CINQUIÈME ÉDITION.

PARIS,

A LA LIBRAIRIE CLASSIQUE

DE MADAME VEUVE MAIRE-NYON,

Quai Conti, 13;

ET CHEZ HACHETTE, LIBRAIRE,

Rue Pierre-Sarrasin, 12.

1844

Imprimerie Dondey-Dupré, rue Saint-Louis, 46, au Marais.

AVANT-PROPOS,

ou

OBSERVATIONS SUR LA MÉTHODE EMPLOYÉE DANS CET OUVRAGE.

L'importance des études historiques est généralement reconnue aujourd'hui ; mais généralement aussi on se plaint du défaut de plan, de méthode dans l'enseignement de cette branche essentielle de l'éducation. S'agit-il, surtout, de réunir l'histoire d'un peuple à celle d'un autre peuple? Tout alors devient confusion, et souvent, après un long travail, il ne reste dans la mémoire fatiguée d'un enfant que quelques noms, quelques faits remarquables. Mais appartiennent-ils à l'histoire de Rome, d'Athènes ou de Sparte? il l'a oublié pour l'ordinaire, parce qu'il a appris isolément chaque histoire, et qu'il ne s'est point appliqué à faire entre elles d'utiles rapprochemens.

Considérons la marche ordinaire des études. On fait apprendre à un élève, premièrement, *l'histoire grecque* et ensuite *l'histoire romaine;* il lui semble alors que l'une commence où l'autre finit. Ainsi, après avoir vu, à la fin de l'histoire grecque, le règne d'Alexandre, il trouve, au commencement de l'histoire romaine, celui de Romulus; il en conclut que Romulus vivait *après* Alexandre ; c'est un calcul qui se fait naturellement dans son esprit, faute d'un classement méthodique qui lui ait présenté en son temps et en son lieu chaque fait, chaque personnage remarquable appartenant à l'une et l'autre histoire. Des connaissances recueillies ainsi, sans ordre, sans méthodes, deviennent de nulle valeur en quelque sorte, pour celui qui les possède ; plus, au contraire, il étend le cercle des études historiques, plus la confusion augmente et moins il acquiert une véritable instruction.

C'est donc à ce grave inconvénient que j'ai essayé de rémédier : déjà, dans l'*Histoire ancienne* que j'ai publiée précédemment, j'avais présenté, au moyen de *tableaux comparés*, des rapprochemens, d'abord entre les anciens peuples, puis entre les principaux états de la Grèce. Encouragée par un suffrage aussi flatteur qu'honorable, j'ai entrepris, sur le même plan, un abrégé d'*Histoire romaine*, en rapport avec l'histoire grecque *.

C'est surtout entre les deux grands peuples de l'antiquité, qu'il était essentiel d'établir de faciles rapprochemens ; je me suis donc appliquée à présenter les deux histoires d'une manière claire, distincte, qui tout à la fois les liât entre elles et les empêchât de se confondre.

En apprenant successivement *l'histoire grecque* et *l'histoire romaine*, l'une souvent fait oublier l'autre, ainsi que nous l'avons observé déjà. Ici, au contraire, l'étude de *l'histoire romaine* a été disposée de manière à rappeler continuellement *l'histoire grecque*. 1° A la fin de chaque siècle on a indiqué les événemens remarquables, qui, dans ce même siècle, avaient

---

* La Société pour l'instruction élémentaire, en accordant son approbation à l'*Histoire ancienne* de madame de Saint-Ouën, l'a engagée à continuer, sur le même plan, cet abrégé d'*Histoire romaine*, adopté depuis par le conseil royal de l'instruction publique.   (*Note de l'éditeur.*)

eu lieu dans la Grèce. 2° *Des tableaux comparés*, placés à la suite de chaque époque *, présentent à la fois, et sans la moindre confusion, les principaux faits, les principaux personnages appartenant à l'un et l'autre peuple. Un seul regard suffit alors pour saisir la concordance établie entre les deux histoires, et l'on sait en un instant quels événemens se passaient à une même époque, à Rome et dans la Grèce. On voit de même sur le tableau si deux personnages, l'un Grec, l'autre Romain, furent *contemporains*, ou à quelle distance ils vécurent l'un de l'autre.

Dans les tableaux comparés, on a joint aux Grecs et aux Romains les *Gaulois* et les *Carthaginois*, comme ayant eu souvent des relations avec Rome; mais pour ne pas surcharger la mémoire, et toujours en vue d'éviter la confusion, on n'a indiqué, pour ces derniers peuples, que quelques faits de loin en loin et pour servir en quelque sorte de *points de reconnaissance*, tandis que des rapprochemens beaucoup plus fréquens ont été établis entre Rome et la Grèce, l'attention devant surtout se diriger sur ces deux nations célèbres.

Avant de *comparer* l'histoire romaine à celles des autres peuples, il fallait d'abord la faire connaître. En conséquence, des tableaux appelés *séculaires* ont été placés en tête de chaque période d'un siècle. Ces premiers tableaux ne contiennent que des faits *appartenant à l'histoire romaine*, et ce n'est qu'après les avoir étudiés que les *tableaux comparés* doivent être présentés aux élèves.

---

* *L'Histoire romaine*, ainsi qu'on le verra plus loin, a été divisée en trois grandes époques, et chaque époque en périodes d'un siècle.

A ces différens tableaux sont joints les développemens nécessaires; des articles courts, liés entre eux
et dégagés d'inutiles détails; des points de repos fréquens et en rapport avec les tableaux; enfin, la cita-
tion d'un trait, d'une pensée, qui souvent caractérise
ou les temps ou les hommes; tels sont les moyens que
j'ai employés pour donner quelque attrait à l'étude et
pour la rendre tout à la fois moins aride et plus pro-
fitable.

Des *exercices* ou questions ont été indiqués, 1° à
la fin de chaque siècle; 2° à la suite de chaque *tableau comparé*. Ces derniers exercices surtout, portant sur plusieurs peuples, sur plusieurs siècles, fe-
ront connaître les résultats de cette méthode, par
l'exactitude des réponses à des questions embarras-
santes pour tout enfant instruit par les moyens ordinaires.

La connaissance des lieux me semble tellement liée
à la connaissance des faits, que je regarde la géographie comme un moyen *mnémonique* pour apprendre
et retenir l'histoire. C'est ce qui m'a engagée à joindre
ici une carte, telle du moins que pouvait la compor-
ter le format de ce petit volume : on y trouvera l'indication des principaux états mentionnés dans l'histoire. Bien qu'insuffisante, cette carte servira du
moins à donner une idée générale des positions, à
suivre la marche des conquérans, et, enfin, à diriger
les recherches sur une carte plus étendue.

Tout ce qui frappe les yeux aide à la mémoire, surtout dans un âge où la mémoire agit plus que la réflexion : les cartes, les tableaux me paraissent donc
convenir à une étude élémentaire, parce qu'ils pro-
duisent sur l'esprit une impression plus durable que
les paroles, et que, laissant dans le souvenir des clas-

semens exacts, les détails, plus tard, s'y rattachent facilement et pour toujours.

Une étude élémentaire doit être considérée comme une *préparation* aux études plus approfondies d'un âge plus avancé : il est donc essentiel de diriger avec soin ces premiers travaux de l'enfance, car, pour construire un édifice élevé, il faut surtout que la base soit solide. Telle est la pensée qui m'a dirigée sans cesse dans le plan que je m'étais tracé, et dont l'exécution, je le sens trop, est restée bien imparfaite.

RÈGLES A SUIVRE

POUR L'ÉTUDE DE L'HISTOIRE ROMAINE.

Souvent une méthode, telle que l'auteur l'a conçue, n'est pas également comprise par celui qui en fait usage ; elle ne peut alors avoir les mêmes résultats : il a donc paru nécessaire de donner ici une explication détaillée sur la marche à suivre dans cet ouvrage pour étudier l'histoire avec fruit.

ÉTUDE PRÉPARATOIRE.

L'élève apprendra d'abord les *notions géographiques* placées en tête du volume.

Il devra chercher et montrer sur la carte les *bornes de l'Italie* et les *principales divisions*, autant toutefois qu'il a été possible de les indiquer sur une carte de si petite dimension.

Il répondra ensuite aux questions renfermées dans *l'exercice* sur la géographie.

Les deux chapitres suivans sont relatifs aux *anciens peuples d'Italie*. On pourrait les lire au lieu de les apprendre par cœur ; on observera toutefois qu'ils sont essentiels à connaître.

Les notions géographiques, ainsi que les deux chapitres sur les anciens peuples d'Italie, peuvent être considérés comme ÉTUDES PRÉPARATOIRES.

ÉTUDE DE L'HISTOIRE ROMAINE.

L'histoire romaine a été divisée en trois grandes époques, savoir : les *rois*, la *république*, les *empereurs*.

Chaque époque a été subdivisée en périodes *d'un siècle*.

En tête de chaque siècle se trouve un *tableau séculaire*, c'est-à-dire qui contient l'histoire d'un siècle.

COMPOSITION DES TABLEAUX SÉCULAIRES.

(Voyez page 18, où se trouve le 1er de ces tableaux.)

On remarquera d'abord que sur ce tableau *deux dates différentes* sont indiquées pour chaque événement.

Dans la première colonne est *l'an de Rome*, c'est-à-dire depuis la fondation de Rome.

Dans la seconde colonne se trouve *l'année avant Jésus-Christ.*

Pour ne pas confondre ces différentes dates, l'élève n'apprendra que l'année avant J.-C. *

La troisième colonne contient, 1° le nom des différens princes qui gouvernèrent les Romains pendant la durée d'un siècle ; 2° les principaux événemens de leurs règnes.

Nota. Pour la seconde et la troisième époque, il y aura quelques légers changemens dans la disposition des tableaux séculaires ; ils seront expliqués.

Avant de commencer l'étude d'un siècle, l'élève devra *copier* le tableau de ce même siècle ; il en comprendra mieux alors la disposition, et apprendra

---

* Les historiens datent indistinctement de *l'an de Rome* et de *l'année avant Jésus-Christ.* La première de ces dates est particulière à l'histoire romaine, la seconde est commune aux différents peuples qui figurent dans l'histoire. Ces dates différentes sont une difficulté pour l'étude : comment, par exemple, faire des rapprochemens entre l'histoire grecque et l'histoire romaine si la manière de dater n'est pas la même? Cela devient impossible. C'est donc par cette raison que nous avons adopté, pour l'une et l'autre histoire, une date uniforme (l'année avant Jésus-Christ). On a réuni les *deux dates*, seulement sur les tableaux séculaires, afin que l'on puisse savoir facilement, et sans recherches, à quelle *année de Rome* correspond telle ou telle année *avant Jésus-Christ.* Au moyen de ces tableaux on le saura à l'instant.

plus facilement ensuite les développemens qui s'y rapportent.

Lorsqu'un siècle sera appris entièrement *dans le volume*, l'élève reverra de nouveau le tableau, ces tableaux étant tout à la fois une *préparation* avant l'étude d'un siècle, et une *récapitulation*, lorsque l'étude de ce même siècle est achevée.

UN EXERCICE est placé à la fin de chaque siècle ; l'élève devra répondre aux questions qui y sont indiquées.

Dans le cas où il ne serait pas assez sûr de sa mémoire, il pourrait se *préparer* à cet exercice, d'abord en lisant d'avance les questions, et ensuite en calculant et sur le tableau et dans le récit, les réponses qu'il devra faire.

L'élève ne pourra passer à l'étude d'un nouveau siècle qu'après avoir répondu exactement aux questions sur le siècle ou *les siècles* déjà appris.

Ceci est important, car ce ne serait pas *avancer* dans l'étude de l'histoire, que d'apprendre la suite quand on a oublié le commencement.

On devra donc, une fois par semaine, le *samedi*, par exemple, répéter les exercices déjà faits, au lieu d'apprendre une leçon nouvelle.

Après avoir étudié une époque entière, d'après les règles que nous venons de tracer, on trouvera, à la fin de cette même époque, un *tableau de l'histoire romaine, comparée à celle des différens peuples.*

Ce tableau présente un résumé de l'époque déjà apprise, et en même temps une comparaison entre *l'histoire romaine* et celles des autres peuples.

COMPOSITION DES TABLEAUX COMPARÉS.

(*Voyez les tableaux* comparés, *pages* 58 *et* 174.)

Dans la première colonne sont indiqués *les siècles*. Dans la seconde colonne, *les années avant J.-C.* *

---

* Ces tableaux étant communs à différents peuples, on n'a plus indiqué que les années avant J.-C.

Les colonnes suivantes contiennent les événemens principaux, tant à *Rome* qu'en *Grèce*, à *Carthage* et dans *les Gaules*. *

L'élève copiera le *tableau comparé.* Au moyen de ce travail essentiel, il saisira bien mieux les rapprochemens indiqués entre l'histoire de Rome et celles des autres peuples.

NOTA. *L'élève devra avoir un cahier dans lequel il réunira la copie de ces différens tableaux.*

Chaque tableau comparé sera suivi d'un *exercice.* Cet exercice ayant plus d'étendue, et présentant aussi plus de difficultés que ceux qui accompagnent les tableaux séculaires, il sera *indispensable* de s'y préparer d'avance.

Une explication détaillée sur cette *préparation*, et en général sur l'étude des tableaux comparés, se trouvera dans le volume, page 53, etc. Il sera donc inutile de répéter ici ce qui a été dit ailleurs. Nous observerons seulement qu'on ne saurait trop s'appliquer à l'étude des *tableaux comparés*, base de cette méthode; on obtient, par leur moyen, des résultats auxquels ne pourrait atteindre une étude ordinaire.

On ne fera commencer la DEUXIÈME ÉPOQUE qu'après s'être assuré que l'élève connaît parfaitement la première, et qu'il sait d'une manière *imperturbable* à quel peuple, à quel siècle appartient tel ou tel événement, tel ou tel personnage, dont l'indication se trouve sur le tableau.

Les TROIS GRANDES ÉPOQUES seront apprises de la même manière, sauf quelques modifications qui seront indiquées chaque fois qu'il sera nécessaire; car, dans le plan d'étude tracé pour cette histoire, nous avons suivi *pas à pas*, en quelque sorte, et le maître

---

* Dans le premier tableau comparé il n'est question que de la Gaule d'Italie, ou *Gaule cisalpine.*

1.

et l'élève, pour les diriger dans leur marche et leur en aplanir les difficultés. Nous croyons pouvoir assurer que l'élève qui ne s'écartera pas des règles qui ont été indiquées saura bien, et saura pour toujours, l'histoire qu'il aura apprise d'après cette méthode.

ÉTUDE ABRÉGÉE DE L'HISTOIRE ROMAINE.

Dans le cas où des parens voudraient eux-mêmes enseigner l'histoire à leurs enfans, et désireraient à la fois abréger le travail et le rendre plus facile, ils le pourraient aisément au moyen de cette méthode. Voici, dans ce cas, la marche qu'il faudrait suivre :

L'élève lirait les notions géographiques : on lui montrerait sur la carte les bornes de l'Italie, ses principales divisions, etc.

On lui expliquerait la disposition d'un tableau, on le lui ferait copier ensuite.

On lui ferait lire, ou plutôt on lirait avec lui, les développemens qui se rapportent au tableau, en ayant soin de lui montrer sur la carte les principaux lieux mentionnés dans l'histoire. On ferait ensuite les différens exercices tels qu'ils sont indiqués, et, pour répondre aux questions, l'élève aurait le *tableau sous les yeux*. Ce travail, facile et prompt, ne serait pas sans utilité, car la mémoire alors ayant moins à s'exercer, la réflexion, peut-être, agirait davantage. On pourra donc, sans inconvénient, remplacer l'étude *par cœur* au moyen d'une *lecture bien dirigée*.

NOTIONS GÉOGRAPHIQUES

SUR

L'ITALIE ANCIENNE,

COMPARÉE A L'ITALIE MODERNE,

Pour servir à l'étude de l'Histoire Romaine.

(Voir la carte*.)

L'Italie est une presqu'île qui tient au continent par la chaîne des Alpes. Le mont Apennin la traverse du nord au sud.

BORNES DE L'ITALIE.

ITALIE ANCIENNE.	ITALIE MODERNE.
Au Nord : l'Helvétie. . . .	*La Suisse.*
la Germanie. .	*L'Allemagne.*
Au Sud : la mer intérieure.	*La Méditerranée.*
A l'Est : la mer Adriatique	*Le golfe de Venise.*
A l'Ouest : la mer Tyrrhé-	*Le golfe de Gênes.*
nienne ou d'Étrurie.	*La mer de Toscane.*

* Le peu d'étendue de cette carte n'a pas permis d'y indiquer les détails. L'élève y trouvera cependant les principales divisions de l'Italie, et pourra dès lors se faire une juste idée de leurs positions respectives, ce qui est indispensable pour l'étude de l'histoire;

DIVISION DE L'ITALIE ANCIENNE.

QUATRE PARTIES PRINCIPALES, savoir :

Italie septentrionale. — Italie du milieu.
— Italie méridionale. — Les Iles.

SUBDIVISION.

Iʳᵉ Partie. — Italie septentrionale.

Divisée en quatre parties *.

ITALIE ANCIENNE.	ITALIE MODERNE.
1° — Gaule cisalpine **. Ville pr. — Médiolanum cu Milan. Fl. { le Pô ou l'Eridan. { le Rubicon.	*Piémont et Lombardie.*
2° — La Ligurie.........	*États de Gênes.*
3° — La Vénétie	*États de Venise.*
4° — L'Istrie.	

* Abréviations. — V. pr., *ville principale.* — Cap., *capitale.*
— Fl , *fleuve.* — Mt., *montagne.*
** Ce pays ne prit le nom de *Gaule cisalpine* qu'après l'établissement des Gaulois en Italie, vers l'an 600 avant J.-C.

2e Partie. — Italie du Milieu.

Divisée en quatre parties.

ITALIE ANCIENNE.	ITALIE MODERNE.
1°. — L'Étrurie, pays des Étrusques............	*La Toscane.*
V. pr. — Veïes et Faléries.	
2°. — Le Latium, pays des Latins.	*Les états de l'Eglise.*
Renfermait la Sabinie, le pays des Volsques, des Eques, des Herniques, etc.	
V. pr. — Albe. — ROME..	*Albe détruite. — Rome, capitale de toute l'Italie moderne.*
Fleuve. — Le Tibre.	
3°. — La Campanie renfermait le pays des Piscentins.	*Royaume de Naples.*
V. pr. —Capoue, Néapolis ou Parthénope	*Naples.*
Montagne. — Le Vésuve, volcan *.	
4°. — Le Samnium, pays des Samnites. .... Comprenait encore le pays des Marses, des Marucinis, etc.	*Abruzze ultérieure et citérieure (Royaume de Naples).*

* La première éruption connue du Vésuve eut lieu l'an 79 après J.-C. ; elle engloutit les villes d'Herculanum et Pompeïa.

3ᵉ Partie. — Italie méridionale, ou Grande-Grèce[*].

Divisée en quatre parties.

ITALIE ANCIENNE.	ITALIE MODERNE.
Grande-Grèce.	*Royaume de Naples.*
1°. — La Lucanie.	
Ville pr. — Héraclée. . .	*La Pouille*
2°. — L'Apulie.	*(Royaume de Naples).*
Ville pr. — Cannes[**]. . .	
3°. — La Messapie.	
Comprenant le pays des Tarentins.	
Ville pr. — Tarente. . . .	*La Calabre*
4° — Le Brutium.	*(Royaume de Naples).*
Comprenant le pays des Mamertins.	

[*] Toute la partie méridionale de l'Italie portait le nom de *Grande-Grèce*, à raison du grand nombre de colonies grecques qui s'y étaient fixées successivement.

[**] Célèbre par la grande victoire qu'Annibal remporta sur les Romains.

4° Partie. — Iles d'Italie dans la Méditerranée.

ITALIE ANCIENNE.	ITALIE MODERNE.
La Sicile ou Trinacrie.	La Sicile.
Ville pr. — Syracuse. — Messane ou Messine. — Lylibée, port célèbre.	
Le mont Etna, volcan.	
La Sardaigne ou Sardina.	La Sardaigne.
La Corsica.	La Corse.
Mélita.	Malte.
Iles Éoliennes ou Vulca-niennes	Iles Lipari.
Ile de Caprée.	

EXERCICES

SUR LES NOTIONS GÉOGRAPHIQUES DE L'ITALIE
ANCIENNE,

Après avoir appris par cœur, et la carte sous les
yeux, la leçon de géographie qui précède, un élève
devra répondre aux questions qui lui seront adressées.

Les exercices sur la géographie pourront se faire
de deux manières.

1° En n'interrogeant l'élève que sur les *noms
anciens* ;

2° En l'interrogeant sur les *noms anciens* et sur
les *noms nouveaux*, c'est-à-dire en lui demandant,
à chaque pays qu'il nommera, *quel nom porte aujourd'hui ce même pays ?* Exemple.

Demande. Quelles sont le bornes de l'Italie au
nord ?

Réponse. L'Helvétie et la Germanie.

D. Quels noms portent aujourd'hui l'Helvétie et
la Germanie ?

R. La *Suisse* et l'*Allemagne*.

Nous n'indiquerons ici que le *premier* exercice ; le
maître, lorsqu'il le jugera convenable, pourra aisément faire le *second*, en ajoutant cette question à
chaque pays nommé par l'élève : *Quel nom porte aujourd'hui ce pays ?*

PREMIER EXERCICE.

Il serait utile de faire faire d'abord le premier exercice et ensuite le second.

Dans l'un et l'autre exercice, l'élève indiquera sur la carte les bornes de l'Italie, ses principales divisions, ses principales îles, etc. *

1re QUESTION. — Qu'est-ce que l'Italie ?

Quelle montagne la sépare du continent ?

Quelle montagne la traverse du nord au sud ?

Bornes de l'Italie.

Quelles sont les bornes de l'Italie au nord ?

Quelles sont ses bornes au midi ? — A l'est ? — A l'ouest ?

Division de l'Italie.

En combien de parties divisait-on l'Italie ?

Comment divisait-on ces quatre parties ?

Subdivision.

ITALIE SEPTENTRIONALE.

En combien de contrées ou pays se divisait l'Italie septentrionale ?

Quelle était la première partie ?

Quelle était la ville principale de la *Gaule cisalpine* ?

---

* Le maître, s'il le juge convenable, pourra recourir à une carte plus étendue de l'Italie ancienne.

Ses principaux fleuves?

Nommez la seconde, la troisième et la quatrième partie de l'Italie septentrionale.

Italie du milieu.

En combien de parties divisait-on l'Italie du milieu?

Quelle était la première partie?

Comment se nommaient les habitans de l'*E-trurie*?

Quelles étaient les principales villes de l'É-trurie?

Quelle était la seconde partie?

Quel nom portaient les habitans du *Latium*?

Quels pays renfermait encore le Latium?

Quelles étaient les principales villes du Latium?

Quelle était la troisième partie?

Quelles étaient les villes principales de la *Campanie*?

Sa principale montagne?

Quel autre peuple habitait la Campanie?

Quelle était la quatrième partie?

Comment se nommaient les habitants du *Samnium*?

Quel pays comprenait encore le Samnium?

Italie méridionale.

Comment se nommait anciennement toute la partie méridionale de l'Italie?

En combien de parties se divisait la *Grande-Grèce*?

Nommez la première partie, la seconde, la troisième.

Quelles étaient les principales villes de la Lucanie et de l'Apulie?

Quel pays comprenait encore la *Messapie?*

Quelle était la principale ville des *Tarentins?*

Nommez la quatrième partie de la *Grande-Grèce.*

Quel pays comprenait encore le *Brutium?*

ILES D'ITALIE.

Quelle est la plus étendue des îles d'Italie? — Dans quelle mer est-elle située?

Quelles sont les principales villes et montagnes de la *Sicile?*

Nommez les autres îles d'Italie.

Nota. Le maître, ainsi que nous l'avons expliqué plus haut, pourra faire faire aux élèves un *second exercice,* dans lequel il les interrogera sur la correspondance des *noms anciens* aux *noms nouveaux* de chaque pays mentionné dans ces notions géographiques.

INTRODUCTION.

DES ANCIENS PEUPLES D'ITALIE

AVANT LA FONDATION DE ROME.

L'an 754 avant J.-C., époque de la fondation de Rome, il y avait plusieurs siècles déjà que l'Italie était peuplée : différentes colonies *Illyrienne*, *Ibérienne*, *Celtique*, etc., et plus tard des colonies *grecques*, étaient venues successivement s'y fixer ; mais la superstition grossière qui régnait alors dans ces contrées, le peu de prévoyance des habitans à se liguer pour leur conservation, l'usage surtout où ils étaient de ne former que de petites cités, tout en un mot semblait attester que ces peuples en étaient restés au même point, en quelque sorte, que lors de leur premier établissement en Italie. Ainsi s'était prolongée l'enfance de cette grande nation, qui devait être un jour la maîtresse du monde.

La civilisation marchant à pas lents, tira insensiblement les peuples de leur état de barbarie, mais ses progrès furent plus ou moins rapides, selon les temps, selon les circonstances ; c'est ainsi que la Grèce était déjà éclairée et florissante lorsque les peuples d'Italie, sauvages encore, étaient plongés, pour la plupart, dans les ténèbres d'une profonde ignorance.

L'Italie fut divisée d'abord, comme l'ancienne Grèce, en plusieurs petits états indépendans. Ces différens peuples se ressemblaient généralement par un courage féroce; mais ils n'avaient d'ailleurs rien de commun entre eux : leur haine pour les Romains allait bientôt les réunir.

Les Etrusques, les Latins, les Sabins, les Campaniens, les Samnites et les Tarentins étaient les principaux peuples de l'Italie avant la fondation de Rome :

LES ETRUSQUES, ou Tuscis, habitans de l'Etrurie, étaient considérés comme le plus ancien peuple de l'Italie; les Grecs leur donnèrent encore le nom de *Pélages* *.

Ce pays était divisé en douze petits états, parmi lesquels on distinguait les *Véiens* et les *Falisques*. Chacun de ses états avait un prince ou chef appelé *Lucumon*.

Les Etrusques se firent remarquer de bonne heure par leur goût pour les arts et leurs connaissances en agriculture. Sous ce dernier rapport, ils passaient pour être supérieurs à tous les peuples d'Italie.

LES LATINS, peuples du *Latium*, prétendaient descendre d'une colonie troyenne. A l'époque de la chute de Troie (dans le 13ᵉ siècle avant J.-C.), Enée, dit-on, s'était réfugié chez les Latins qu'il

---

* Les Pélages passent pour avoir été les premiers habitans de la Grèce et de l'Italie.

gouverna. Ascagne, ou Jules, fils de ce prince, fonda la ville d'Albe et régna également sur le Latium. On connaît à peine de nom les rois ses successeurs jusqu'à *Numitor*, aïeul de Romulus.

Les principaux peuples du Latium étaient les *Volsques*, les *Eques*, les *Herniques* et les *Rutules*.

LES SABINS ou Sabelliens se disaient originaires du Péloponèse. Les progrès de la civilisation semblent avoir été plus rapides parmi eux que chez les autres peuples d'Italie : lors de la fondation de Rome, ils étaient déjà, dit-on, civilisés et puissans, mais relativement, sans doute, aux peuplades voisines, sorties à peine de l'état de barbarie.

LES CAMPANIENS habitaient la Campanie, grande et belle contrée de l'Italie, et l'une des plus fertiles de la terre ; elle devint surtout célèbre par sa capitale, la riche et délicieuse *Capoue*, dont les habitans étaient connus par leur mollesse et leur amour pour le plaisir.

La Campanie n'était séparée du Latium que par une rivière, appelée alors le Liris *. La rivalité qui s'établit entre les deux peuples voisins, devint pour eux une source de guerres sans cesse renaissantes.

LES SAMNITES habitaient le Samnium,

---

* Aujourd'hui Garigliano.

pays de montagnes. Ce peuple guerrier, et surtout ambitieux, était en lutte continuelle avec
les tribus voisines, et principalement avec les
Marses, connus pour être belliqueux et indomptables. *Qui pourrait*, disaient les Romains,
triompher des Marses ou sans les Marses?

De tous les peuples d'Italie, les Samnites furent
les ennemis les plus acharnés et les plus redoutables des Romains.

LES TARENTINS étaient le peuple le plus connu
de la partie méridionale de l'Italie, appelée
Grande-Grèce.

Une colonie grecque avait fondé *Tarente*,
ville principale des Tarentins, et qui devint l'une
des plus riches et des plus puissantes de toute
l'Italie.

Les différentes peuplades ou tribus qui habitaient l'Italie se distinguaient entre elles par
le nom générique de *Sabelli*, pasteurs des montagnes, et *Opici* ou *Osci*, laboureurs de la plaine.

OBSERVATIONS

COMMUNES AUX ANCIENS PEUPLES D'ITALIE, AVANT LA FONDATION DE ROME.

ARMÉES. — Les peuples de l'Italie, encore barbares, étaient guerriers avant tout. Mais n'ayant pas d'armées permanentes, chaque citoyen était à la fois laboureur et soldat, ou, pour parler plus exactement, chacun était alternativement l'un et l'autre. Une ville, un état, n'armait ses troupes que par intervalle, pour se défendre ou se venger. Ignorant l'art de la guerre, elle n'était pour ces peuples que le droit du plus fort ; on combattait pour avoir des terres et le pillage du camp ennemi, après quoi les vainqueurs et les vaincus se retiraient chacun dans leurs villes.

RELIGION. — *Mars* ou *Mavors* était le principal dieu des anciens peuples d'Italie ; on l'adorait sous la forme d'une lance.

La superstition des présages semble avoir été la base de la religion de ces peuples, et sur ce point ils ont de beaucoup surpassé les Grecs ; les *Etrusques*, surtout, passaient pour être très-habiles dans cette science : un éclair, une chute, un éternuement, les accidens enfin les plus ordinaires de la vie, tout chez eux devenait *présage* et semblait déclarer la volonté des dieux.

Aux présages se joignirent les *aruspices*, ou l'art de lire dans le sein des victimes, car il arrivait rarement alors que l'on consultât les dieux sans leur offrir des sacrifices.

On appelait *augures*, les présages tirés du vol des oiseaux.

Chaque pays, chaque ville avait ses dieux, désignés sous le nom de *dieux tutélaires*. Ces dieux se nommaient encore *lares* ou *pénates*. Chaque maison, comme chaque ville, avait des protecteurs de ce genre.

Les *pénates* étaient adorés comme dieux domestiques; on leur élevait des autels, on leur adressait des vœux qui semblaient devoir se réaliser toujours, tant la confiance qu'ils inspiraient était grande.

Lorsqu'une ville nouvelle était fondée, on la mettait sous la protection des *dieux tutélaires*, persuadé que les ennemis ne pourraient s'en emparer si ces dieux ne l'abandonnaient pas.

Les superstitions dont nous venons de parler subsistaient lors de la fondation de Rome, ce qui prouve qu'elles s'étaient établies dans les siècles antérieurs.

Mœurs. — Rien n'était plus divers que le génie et par conséquent les mœurs de ces peuples ou plutôt de ces tribus. Les Sabins passaient pour être aussi équitables et modérés que les Samnites étaient ambitieux et téméraires. Les Piscentins étaient lents et timides, et les Marses belliqueux et indomptables. Les Lucaniens ne respiraient que brigandage et rapine; les Campaniens étaient d'habiles cavaliers, prompts à l'attaque, prompts à la fuite. Les Tarentins étaient mous, efféminés, et préféraient les jeux aux combats. En un mot, tous ces petits peuples, divisés d'intérêt, l'étaient également de goût et d'habitudes, et il n'y avait encore en Italie ni caractère ni esprit national.

GOUVERNEMENT. — Parmi les anciens peuples d'Italie, il paraît que les *Latins* étaient les seuls qui eussent un gouvernement régulièrement établi à l'époque de la fondation de Rome. Mais les rois ou chefs qui gouvernèrent le Latium pendant plusieurs siècles sont à peu près inconnus jusqu'à *Numitor*, aïeul de Romulus, qui fut le dernier roi latin.

HISTOIRE ROMAINE.

SES DIVISIONS.

Les historiens varient sur l'époque de la fondation de Rome; mais on la fixe en général à l'année 754 avant J.-C.

La durée de la puissance romaine, depuis la fondation de Rome jusqu'à la destruction de l'empire d'Occident, a été de *douze siècles et demi* environ *.

On divise ce long espace en trois grandes époques, savoir :

1re ÉPOQUE. — LES ROIS, au nombre de sept : *deux siècles et demi environ*, de l'année 754 à 509 avant J.-C.

2e ÉPOQUE. — LA RÉPUBLIQUE, *cinq* siècles, de 509 à l'an 31 avant J.-C.

3e ÉPOQUE. — LES EMPEREURS, *cinq* siècles, de l'an 31 *avant* J.-C. jusqu'à l'année 476 de notre ère (c'est-à-dire *après* J.-C.).

---

* Depuis la fondation de Rome, l'an 754 *avant* J.-C., jusqu'à l'année 476 *après* J.-C. (époque de la chute de l'empire d'Occident), il s'est écoulé douze cent trente années.

(Les notes placées au bas des pages ne doivent pas être apprises par cœur; il suffira de les lire.)

TABLEAU SÉCULAIRE OU PAR SIÈCLES
DE L'HISTOIRE ROMAINE.

PREMIÈRE ÉPOQUE. — LES ROIS.

8e SIÈCLE AVANT J.-C.

Seulement depuis l'année 754 *.

AN DE ROME.	ANNÉES av. J.-C.	FAITS PRINCIPAUX.
1re..	754..	*Romulus*, 1er roi, fonde Rome.
4e..	750..	Enlèvement des Sabines.
7e..	747..	Guerre contre les Sabins.
» ..	738..	Victoires sur différens peuples. — Lois de Romulus. — Création d'un sénat. — Classement des citoyens en patriciens et plébéiens, etc.
38e..	716..	Interrègne d'un an.
39e..	715..	*Numa*, 2e roi de Rome, législateur des Romains. — Religion instituée. — Dieu terme. — Temple de Janus. — Réforme du calendrier.
		NOTA. *Le règne de Numa, commencé dans le 8e siècle, finit dans le 7e, l'an 671.*

*La première époque de l'histoire romaine commençant vers le milieu du 8e siècle, ce premier tableau ne comprendra que la *moitié d'un siècle*, depuis l'an 754, époque de la fondation de Rome, jusqu'à la fin du 8e siècle.

PREMIÈRE ÉPOQUE.

LES ROIS.

ESPACE DE DEUX SIÈCLES ET DEMI,

DE 754 à 509.

SEPT ROIS ont gouverné Rome, savoir : Romulus, fondateur. — Numa. — Tullus-Hostilius. — Ancus-Martius. — Tarquin l'Ancien. — Servius-Tullius. — Tarquin-le-Superbe.

8ᵉ SIÈCLE AVANT J.-C.

Depuis l'année 754. (Voir le tableau. *)

754. — ROMULUS, PREMIER ROI DE ROME,
Régna 37 ans.

Nous ne répéterons point ici la fable absurde qui donne pour père à Romulus et à Rémus le dieu Mars, et qui fait allaiter les deux frères par une louve. Cherchant surtout la vérité, nous

---

* L'élève devra copier et apprendre par cœur chaque tableau, avant d'étudier les leçons qui s'y rapportent.

On a indiqué sur les tableaux séculaires *l'an de Rome,* c'est-à-dire *depuis la fondation de Rome,* et l'année *avant J.-C.* Pour ne pas confondre ces différentes dates, l'élève ne dira que l'année avant J.-C.

2.

adopterons des traditions, sinon plus certaines, du moins plus vraisemblables.

Lors de la fondation de Rome, les anciens peuples de l'Italie, ainsi que nous l'avons vu, étaient voisins encore de l'état de barbarie. ROMULUS et Rémus, quoique de race royale, avaient été pasteurs dans leur enfance, et s'étaient mis ensuite à la tête de bandes armées pour rétablir sur le trône des Latins, *Numitor*, leur aïeul, qui en avait été chassé; ils vinrent s'établir ensuite sur le mont Palatin, à peu de distance de la ville d'Albe, dans le *Latium*.

Voulant se fixer dans ce lieu, qui leur semblait favorable à un établissement, ils y construisirent à la hâte quelques abris; mais bientôt les deux frères se disputèrent à qui donnerait son nom à l'assemblage de ces cabanes et des lois à leurs habitans; *Romulus* l'emporta, et la ville naissante reçut le nom de ROME. Peu de temps après, Rémus disparut; on soupçonna son frère d'avoir contribué à sa mort, afin de pouvoir régner sans partage : c'est ainsi que l'ambition enfanta les premiers crimes.

Trois mille hommes au plus, pasteurs et soldats, composaient alors la population d'un petit royaume qui devait engloutir un jour les plus vastes monarchies.

Pour augmenter le nombre des habitans de Rome, on vit bientôt Romulus ouvrir un asile à tous les fugitifs, et même à tous les malfaiteurs étrangers qui paraissaient disposés à lui obéir.

750. * — ENLÈVEMENT DES SABINES. — Les peuples voisins refusaient de s'allier à des hommes qui ne vivaient encore que de brigandage et de rapine ; Romulus voulut obtenir par surprise ce qu'on refusait à ses prières ; il fit célébrer des jeux dans la ville nouvelle, et engagea les Sabins à y assister. Mais tandis que, sans défiance, ils se livraient aux plaisirs d'une fête, leurs filles furent enlevées à main armée, et devinrent bientôt les épouses des soldats romains. En remontant à la source de la plupart des empires, on ne trouve de même que violences et injustices.

747. — GUERRE CONTRE LES SABINS. — Une lutte sanglante fut la suite de la trahison de Romulus. D'autres peuples se joignirent aux Sabins pour venger leur injure ; mais les Sabines avaient oublié l'offense ; affectionnées à leurs maris, elles se jetèrent entre eux et leurs pères, et forcèrent les uns et les autres à suspendre leurs coups.

La paix se rétablit entre les deux peuples, à la condition que *Tatius*, roi des Sabins, régnerait, ou plutôt gouvernerait conjointement avec Romulus. Tatius étant mort cinq ans après, Romulus réunit alors toute la puissance, telle au moins que pouvait l'avoir le chef d'un si faible empire.

---

* A chaque date, voir le tableau séculaire, où se trouve une date semblable. Lorsque la date n'est pas déterminée, un astérisque, ou *étoile*, forme le renvoi. Les mots en GROS CARACTÈRES font également renvoi au tableau.

738, etc. — VICTOIRES DE ROMULUS. — Romulus était, dit-on, plein de courage : de nouvelles guerres avec différens peuples furent pour lui l'occasion de nouvelles victoires ; elles eurent pour Rome l'avantage d'augmenter son territoire et sa population, par l'usage où étaient les Romains de réunir les vaincus aux habitans de la cité nouvelle.

LOIS DE ROMULUS. — Fondateur d'un empire, Romulus voulait affermir son ouvrage par les lois comme par les armes.

Il divisa d'abord la colonie en *trois tribus*, et chaque tribu en *dix curies.* *

Il créa ensuite cent magistrats qu'il appela *sénateurs*, et qui devaient sanctionner, c'est-à-dire approuver les lois rendues dans les *comices*, ou assemblées du peuple.

La convocation des comices, le jugement des causes importantes et le commandement des armées étaient réservés au roi.

Romulus eut d'abord douze gardes qu'il nomma *licteurs* ; plus tard il y ajouta un corps militaire qui combattait à pied et à cheval : c'est l'origine des chevaliers nommés *célères*. Ce titre fut d'abord une récompense qui, par abus, devint héréditaire.

Romulus classa les habitans de Rome en *pa-*

---

* Au temps de Romulus, chaque tribu était composée de mille hommes.

triciens et *plébéiens* *; les premiers étaient au-dessus des autres par le rang, distinction moins importante cependant, et surtout moins honorable que celle du mérite.

Pour réunir les deux classes et prévenir autant que possible leurs divisions, Romulus institua le *patronage*, c'est-à-dire qu'il permit à chaque plébéien de se choisir un *patron* dans le sénat. Des devoirs réciproques devaient unir les patrons et les cliens; les premiers protégeaient les autres, dont ils étaient secourus en cas de besoin. On doit observer toutefois que cette distinction de rang fut chez les Romains une cause continuelle de troubles et de discordes civiles.

D'après une loi de Romulus, les arts mécaniques devaient être exercés par les esclaves et les étrangers. Aux Romains seuls étaient réservées l'agriculture et la guerre.

Parmi de sages lois, il en est deux néanmoins qui portent l'empreinte d'un siècle de barbarie : la première permettait aux hommes de répudier leurs femmes sous le plus léger prétexte; la seconde donnait aux pères droit de vie et de mort sur leurs enfans.

La constitution établie par Romulus, et qui fut modifiée par Numa, son successeur, subsista en

---

* On désignait sous le nom de *plébéiens*, les hommes du peuple. On appelait *patres* (mot latin) les sénateurs, d'où vint le nom de *patriciens*, donné à leurs familles, ou familles nobles.

grande partie pendant plusieurs siècles, sous les rois et sous la république.

716. — MORT DE ROMULUS. — Sûr de l'affection de ses soldats, Romulus ne tarda pas à en abuser, il voulut gouverner seul sans le concours du peuple et du sénat ; effrayés de son despotisme, les sénateurs, dit-on, le firent mourir secrètement, et persuadèrent au peuple et à l'armée qu'on l'avait vu s'élever au ciel pendant un jour d'orage. La superstition grosssière* qui régnait alors, rendit ce fait croyable. Romulus avait gouverné pendant 37 ans le nouvel empire dont il était le fondateur.

Événemens étrangers correspondant à cette époque.*

Grèce. — 743. Guerre des Spartiates contre les Messéniens.

INTERRÈGNE D'UN AN,

DE 716 à 715 AVANT J.-C.

Après la mort de Romulus, les sénateurs, craignant de se donner encore un maître, gouvernèrent alternativement de cinq jours en cinq jours : cette forme de gouvernement dura une

---

* Les événemens *étrangers* indiqués à la fin de plusieurs chapitres se trouvent en rapport avec les *tableaux comparés* placés à la fin de chaque époque.

année ; mais le peuple s'étant lassé d'obéir à tant de rois, on se décida à faire une élection nouvelle.

Les Romains et les Sabins, qui étaient en nombre égal dans le sénat, prétendaient réciproquement que le nouveau roi fût pris dans leur sein. Pour tout concilier, il fut convenu que les Romains éliraient le monarque et que leur choix tomberait sur un Sabin. Enfin, après une année d'interrègne, Romulus eut un successeur ; *Numa-Pompilius*, gendre du sabin Tatius, fut choisi par les Romains.

NUMA-POMPILIUS, SECOND ROI DE ROME,

Régna 44 ans.

715. — NUMA-POMPILIUS fut proclamé roi : ce qui décida surtout le choix des Romains, c'est que ce prince était d'un caractère aussi pacifique que celui de son prédécesseur avait été belliqueux ; la nation, fatiguée de la guerre, aspirait au repos.

Les historiens nous représentent Numa comme un sage, et le placent au rang des législateurs célèbres de l'antiquité *. Ne cherchant point la gloire des conquêtes, il s'appliqua en effet à don-

* *Lycurgue* à Sparte, en 876. — *Solon* à Athènes en 594. — *Confucius* à la Chine, en 551.

ner de sages lois au peuple, tout neuf encore, qu'il eut à gouverner. Pour accroître sa confiance, il se dit inspiré par la *nymphe Égérie*; cet artifice lui réussit, et il s'en servit pour instituer une religion nouvelle.

Il est probable que Numa ne connaissait pas les divinités de la Grèce; il croyait en un Dieu suprême et unique, surveillant les actions des hommes, et punissant ou récompensant chacun selon ses œuvres.

Il établit les cérémonies du culte, et divisa les ministres de la religion en plusieurs classes : dans la première était celle des pontifes.

Le *grand pontife* présidait à tout, et cette charge importante fut réservée à la royauté.

De jeunes vierges furent consacrées au culte ; elles devaient entretenir le feu des autels, sous peine d'être enterrées toutes vives : on les nommait *vestales*, leur nombre était de six.

Parmi les établissemens ou institutions fondés par Numa, il en est de remarquables :

Il érigea d'abord un autel à la *bonne foi*, pour rendre les promesses sacrées.

Il institua les fêtes du *dieu Terme*, pour que les limites des possessions fussent inviolables. C'était un grand pas vers la civilisation.

C'est encore Numa qui fit bâtir le *temple de Janus*. Ce temple devait être ouvert pendant la guerre et fermé pendant la paix.

On lui attribue également l'établissement des *féciales* (féciaux), qui décidaient de la justice

d'une guerre et veillaient à l'observation des traités de paix.

RÉFORME DU CALENDRIER. — L'année de Romulus était de dix mois seulement ; Numa y substitua, dit-on, l'année lunaire de douze mois,
qu'il rapprocha de l'année solaire par des inter-
callations, c'est-à-dire en y ajoutant un certain
nombre de jours.

Ce prince mérita surtout la reconnaissance des
Romains, en leur inspirant le goût de l'agriculture, source première de la prospérité d'un état.
Sachant aussi que *l'union fait la force*, il s'appliqua sans cesse à rapprocher les deux peuples
qu'il gouvernait en même temps, et rendit plusieurs lois dans le but d'affaiblir l'esprit de rivalité qui divisait les Romains et les Sabins.

Il ne négligea rien, en un mot, si l'on en croit
l'histoire, pour assurer le repos et le bonheur du
petit royaume confié à ses soins.

671. — Numa mourut regretté de tous, après
44 ans de règne *.

---

* On observera ici que le règne de Numa, commencé dans
le 8e siècle, finit dans le 7e, l'an 671.

NOTA. *Lorsqu'un prince a vécu dans deux siècles, on place
son nom dans le tableau du siècle où il a commencé à régner.*

EXERCICES OU QUESTIONS

SUR LES DIVISIONS DE L'HISTOIRE ROMAINE.

(Voyez page 7.)

NOTA. *On a indiqué dans ces différens exercices les questions qui ont paru les plus essentielles; le maître pourra les abréger ou les multiplier selon qu'il le jugera convenable.*

En quelle année Rome fut-elle fondée? — Quelle fut la durée de la puissance romaine, depuis sa fondation jusqu'à la destruction de l'empire d'Occident?

En combien d'*époques* divise-t-on l'histoire romaine? — Quelle est la première? — Combien de siècles a-t-elle duré? — Depuis quelle année jusqu'à quelle année?

Quelle est la seconde époque? — Combien de siècles a-t-elle duré? — Depuis quelle année jusqu'à quelle année?

Quelle est la troisième époque? — Combien de siècles a-t-elle duré? — Depuis quelle année jusqu'à quelle année? — Cette dernière année (416) était-elle *avant J.-C.* ou *après J.-C.*?

EXERCICES

SUR LE 8ᵉ SIÈCLE,

De l'année 754 jusqu'à l'an 700 avant J.-C.

Combien de rois ont régné sur les Romains? — Nommez-les tous les sept.

Qu'étaient Romulus et Rémus avant la fondation de Rome? — Où formèrent-ils leur premier établissement?

754 *. — En quelle année la ville de Rome fut-elle fondée? — Lequel des deux frères lui donna son nom? — Que devint Rémus?

750. — Que fit Romulus pour procurer des femmes aux Romains? — En quelle année l'enlèvement des Sabines?

747. — Quelle fut la première guerre des Romains? — Quelle en fut la cause? Comment se termina-t-elle?

Romulus donna-t-il un gouvernement et des lois aux Romains? — Combien créa-t-il de sénateurs? — Comment divisa-t-il les citoyens? — Quel fut le résultat de cette distinction de rangs?

Romulus fit-il encore la guerre? — Que faisait-il des vaincus?

716. — En quelle année mourut Romulus?

Après la mort de Romulus, combien dura l'interrègne? Qui gouverna pendant ce temps?

715. — En quelle année fut proclamé Numa? — Quel était son caractère? — Quel moyen employa-t-il pour instituer une religion nouvelle? — Quelle idée avait-il de la divinité? — Quels furent les établissemens de Numa? — Ne réforma-t-il pas le calendrier? — Comment divisa-t-il l'année? — Dans quel *siècle* Numa avait-il commencé à régner? — Dans quel *siècle* mourut-il? — En quelle année?

Combien de rois avaient régné à Rome pendant la durée du huitième siècle (c'est-à-dire depuis l'année 754 jusqu'à la fin du huitième siècle?)

---

* On joint la date à la question, afin que le maître ou le *moniteur* puisse savoir plus facilement si la réponse est exacte.

TABLEAU SÉCULAIRE

DE L'HISTOIRE ROMAINE.

Suite de la 1re époque. — (LES ROIS.)

7e SIÈCLE.

AN DE ROME.	ANNÉES AV. J.-C.	FAITS PRINCIPAUX.
83..	671..	*Tullus-Hostilius*, 3e roi de Rome.
85.	669..	Combat des Horaces et des Curiaces.
87..	667..	Destruction de la ville d'Albe.
113..	641..	*Ancus-Martius*, 4e roi de Rome. — Guerre contre les Sabins, les Volsques et les Latins. —Travaux d'Ancus. — Pont sur le Tibre. — Port d'Ostie. — Salines. — Prison. — Régularité dans l'ordre des batailles.
139..	615..	*Tarquin l'Ancien*, 5e roi de Rome.
140..	614..	Établissement des sénateurs plébéiens
149..	605..	Nombreuses victoires sur les Latins, les Étrusques et les Sabins. —Tarquin reçoit le premier les honneurs du triomphe. — Travaux de Tarquin. — Murs de Rome — Aqueducs. — Cirque, etc. *Tarquin mourut dans le 6e siècle, en 579.*

7e SIÈCLE AVANT J.-C.

.TULLUS-HOSTILIUS, TROISIÈME ROI DE ROME,

Régna 30 ans.

.(Voyez le tableau.)

671. — TULLUS-HOSTILIUS succède à Numa, qui n'avait laissé qu'une fille. Le nouveau roi n'apporte pas sur le trône des dispositions aussi pacifiques que son prédécesseur; il ranime au contraire l'esprit militaire des Romains, qu'une longue paix n'avait pu éteindre.

669. — COMBAT DES HORACES ET DES CURIACES. — La jalousie d'Albe * contre Rome alluma bientôt la guerre entre les deux peuples, qui se disputèrent la prééminence, c'est-à-dire qui voulaient avoir la supériorité l'un sur l'autre.

Pour terminer ce différend, on convint que trois guerriers de chaque parti combattraient les uns contre les autres, les vainqueurs devaient assurer à leurs concitoyens la suprématie tant enviée.

Des deux côtés, trois frères furent désignés pour combattre : les *Curiaces*, pour Albe; les

* Albe était la ville principale du Latium avant la fondation de Rome.

Horaces, pour Rome. Le dernier Horace, vainqueur des trois Curiaces, assura la supériorité à sa patrie. Après sa victoire, ce héros barbare tua sa sœur, parce qu'elle pleurait la mort d'un des Curiaces, son futur époux.

667. — Un général Albain (Suffétius) s'était rendu coupable de perfidie, il fut écartelé par ordre de Tullus. Mais ce n'était pas assez pour satisfaire la vengeance de ce prince, il s'empara de la ville d'*Albe* par surprise ; en une heure, elle fut détruite de fond en comble, et sa population vint augmenter celle de Rome.

Tullus fit encore la guerre aux peuples de la Sabinie et du Latium, et triompha sur tous les points.

640. — Mort de Tullus. — Ce prince était aimé du peuple, auquel il avait fait l'abandon de son patrimoine lors de son avénement au trône ; il mourut regretté, après trente ans de règne. On voulut donner à sa mort une cause surnaturelle ; il paraît toutefois qu'il fut assassiné, et que son successeur, *Ancus-Martius*, petit-fils de Numa, ne fut pas étranger à ce crime.

Événemens étrangers correspondant à cette époque.

Grèce. — 657. — Fondation de *Byzance*, aujourd'hui Constantinople, attribuée, selon les uns, aux Spartiates, selon les autres, aux Athéniens.

SUITE DU 7ᵉ SIÈCLE AVANT J.-C.

ANCUS-MARTIUS, QUATRIÈME ROI DE ROME,

Régna 24 ans.

641. — ANCUS-MARTIUS, petit-fils de Numa, fut déclaré ROI (si toutefois on peut désigner ainsi les chefs électifs que les Romains mettaient à leur tête).

Considéré généralement comme un prince faible, les peuples voisins vinrent l'attaquer. Le danger lui donna de l'énergie, du courage, et bientôt il remporta de nombreuses victoires sur les Sabins, les Volsques et les Latins. La guerre se termina ainsi à la gloire du monarque et à l'avantage des Romains.

Les travaux d'Ancus auraient pu l'immortaliser indépendamment de ses exploits : nous citerons ici les plus remarquables.

Il augmenta d'abord l'enceinte de Rome, qui bientôt renferma le *mont Aventin* et le *mont Janicule.*

Il fit construire le port et la ville d'Ostie, à l'embouchure du Tibre, et fit bâtir sur ce même fleuve le premier pont qui ait existé, dit-on, en Italie.

Ayant fait creuser des salines sur le bord de la

mer, il distribua au peuple une grande partie du sel qu'on en tirait.

Ancus fit construire une prison, devenue nécessaire, disent les historiens, pour réprimer la licence.

La guerre, jusqu'à cette époque, n'avait été chez les Romains que le droit du plus fort ; Ancus-Martius introduisit quelque régularité dans l'ordre des batailles, et par là il accrut beaucoup la force des armées romaines.

615. — ANCUS régna 24 ans. Avant de mourir, il avait désigné comme tuteur de ses deux fils, Licinius, surnommé *Tarquin :* trop ambitieux pour se contenter du titre de tuteur, nous verrons bientôt Tarquin porter plus haut ses vues.

SUITE DU 7ᵉ SIÈCLE.

TARQUIN, surnommé L'ANCIEN,

CINQUIÈME ROI DE ROME,

Régna 38 ans.

---

615. — TARQUIN, Grec d'origine, était né en Étrurie, où il avait obtenu le titre de *Lucumon*, première dignité de ce pays *. Un mérite réel,

---

* Quelques historiens donnent à tort le nom de *Lucumon* à Tarquin. Ce mot indique une dignité, et n'est pas un nom propre.

d'immenses richesses, des manières affables et insinuantes lui avaient acquis une grande influence dans les affaires ; il s'en servit adroitement pour se faire décerner le pouvoir au préjudice des fils d'Ancus, dont il était le tuteur. La royauté, il est vrai, était *élective* à Rome, et non pas *héréditaire ;* mais l'affection du peuple pour le dernier roi aurait pu fixer la couronne dans sa famille, si Tarquin n'eût employé l'intrigue pour s'en emparer. Il sacrifia donc à son propre intérêt, l'intérêt des fils de son protecteur. La délicatesse et la reconnaissance étaient peu connues dans ces temps de barbarie, et sont malheureusement trop rares encore aujourd'hui.

614. — SÉNATEURS PLÉBÉIENS. — Pour consolider sa puissance et se faire des partisans dans le peuple, Tarquin créa cent nouveaux sénateurs, tirés des familles plébéiennes ; on les nomma *patres minorum gentium.*

605. — VICTOIRES DE TARQUIN. — La guerre ayant éclaté, Tarquin obtint bientôt les plus brillans succès. Vainqueurs dans le Latium, il battit les Sabins et soumit la grande nation des Étrusques. A son retour, il obtint les HONNEURS DU TRIOMPHE, et Rome, pour la première fois, fut témoin de cette pompeuse cérémonie, qui, dans la suite, devint un puissant motif d'émulation pour les guerriers.

TRAVAUX DE TARQUIN. — Ce prince acheva de séduire la multitude par les travaux immenses qu'il fit exécuter, et qui doivent être considérés en effet, comme autant de prodiges, chez un peuple aussi peu civilisé que l'étaient alors les Romains.

Il fit d'abord construire les murs de Rome, ainsi que des aqueducs, ou canaux souterrains, pour distribuer les eaux dans la ville. Des temples furent élevés; il établit un cirque pour les jeux, à l'exemple des Grecs, et fonda des écoles pour l'instruction de la jeunesse. Il aplanit enfin le sommet du *mont Tarpéïen*, sur lequel fut élevé dans la suite le Capitole, et jeta en outre les fondemens de plusieurs édifices publics.

La puissance toujours croissante de Rome alarmait les peuples voisins; ils formèrent une nouvelle ligue et furent promptement soumis. Tarquin triompha pour la seconde fois.

579. — MORT DE TARQUIN. — Il fut assassiné dans son palais par les fils d'Ancus-Martius, qu'il avait privés de la couronne.

Le règne de Tarquin doit être considéré comme une époque très-remarquable dans l'histoire des premiers siècles de Rome; ce prince ajouta par ses conquêtes à l'étendue et à l'importance du nouvel empire; il assura les droits du peuple par la création des sénateurs plébéiens; il embellit Rome par ses travaux, et s'illustra, en un mot, par les progrès réels qu'il fit faire à la civilisation du peuple romain. On lui reproche toutefois d'avoir introduit dans son royaume les superstitions de l'Étrurie, dont sa politique habile sut profiter. Il est certain que la religion de Numa

s'altéra beaucoup sous son règne et par son influence.

———

Événemens étrangers correspondant à cette époque.

GAULE. — 600. — Les Gaulois habitant la Gaule
celtique (entre la Seine, la Garonne et les Alpes) pas-
sèrent en Italie vers cette époque et y fondèrent la
ville de Médiolanum ou Milan; on appela, depuis,
cette partie de l'Italie, la *Gaule cisalpine*, c'est-à-dire
la Gaule en-deçà des Alpes *.

GRÈCE. — 594. — *Solon*, législateur, donne de sages lois aux Athéniens.

———

EXERCICES

SUR LE 7ᵉ SIÈCLE.

———

Quel fut le troisième roi de Rome? — En quelle
année monta-t-il sur le trône? (671.) — A quelle occasion eut lieu le combat des Horaces et des Curiaces?
— Pour qui combattaient les Horaces? — Pour qui
combattaient les Curiaces? — Quel fut le vainqueur?
— Que devint la ville d'Albe? — Que devint sa population? — Tullus-Hostilius eut-il d'autres guerres
à soutenir? — Contre qui? — Quel en fut le résultat?

Quel fut le quatrième roi de Rome? — En quelle
année régna-t-il? (641.) — A quel peuple fit-il la

———

* Voir la carte. — La *Gaule celtique* est aujourd'hui la
France. La *Gaule cisalpine* répond au Piémont et à la Lom-
bardie.

guerre? — Fut-il vainqueur ou vaincu? — Quels travaux Ancus fit-il exécuter? — N'avait-il pas établi quelque régularité dans l'ordre des batailles? — Quel en fut le résultat pour les armées romaines?

Quel fut le cinquième roi de Rome? — En quelle année commença t-il à régner? (615.) — Les sénateurs qu'il créa étaient-ils *patriciens* ou *plébéiens?* — Dans quel but créa-t-il des sénateurs plébéiens? — Comment les nomma-t-on? — Tarquin fit-il la guerre? — De quels peuples fut-il vainqueur? — Quel roi reçut le premier les honneurs du triomphe? — Quel effet produisait sur les guerriers l'espoir de cette récompense?

— Quels furent les travaux de Tarquin?

A quelle époque les Gaulois passèrent-ils en Italie? (600.) — Quelle ville fut fondée par eux? — Quel nom prit alors cette partie de l'Italie?

Quel personnage s'illustra en Grèce à cette époque? — Qu'était Solon? — A quel peuple de la Grèce donna-t-il des lois? — En quelle année? (594.)

---

* Les questions en *italique* se rapportent aux événemens étrangers qui se trouvent indiqués à la fin de chaque chapitre, et qui le sont également sur les *tableaux comparés* de chaque époque.

TABLEAU SÉCULAIRE
DE L'HISTOIRE ROMAINE.

Suite de la 1re époque. — (LES ROIS.)

6e SIÈCLE,
Jusqu'à l'année 509.

AN de Rome.	ANNÉES av. J.-C	FAITS PRINCIPAUX.
175..	579..	*Servius-Tullius*, 6e roi de Rome.
176..	578..	Exploits de Servius contre les Véiens, les Etrusques, etc.
188..	566..	Institutions de Servius. — Il divise le peuple en centuries. — Etablissement du cens, ou *lustre*, tous les cinq ans. — Affranchissement des esclaves.
219..	535..	*Tarquin-le-Superbe*, 7e et dernier roi de Rome.
220..	534..	Victoires remportées sur les Volsques, les Samnites, etc.—Tarquin s'empare de Gabie. — Travaux de Tarquin.—Aqueduc, Capitole, etc.
245..	509..	Tarquin détrôné. — La royauté est abolie à Rome.

FIN DE LA 1re ÉPOQUE. — (LES ROIS.)

Durée de cette époque : *deux siècles et demi* environ, de l'an 754 à l'an 509.

6e SIÈCLE AVANT J.-C.

SERVIUS-TULLIUS, SIXIÈME ROI DE ROME,
Régna 45 ans.

(Voyez le tableau à la page précédente.)

579. — SERVIUS-TULLIUS, gendre de Tarquin, était né dans l'esclavage, mais il possédait ce qui est plus glorieux qu'une naissance illustre : des talens éminens.

S'étant emparé du pouvoir sans le consentement du sénat, il rencontra d'abord une forte opposition ; mais il en triompha bientôt en se conciliant l'affection des plébéiens ; il paya les dettes des pauvres, leur distribua des terres, et s'assura ainsi des partisans.

De 578 à 558. — EXPLOITS DE SERVIUS. — Sans cesse attaqué par les nations voisines, il fallut à Servius vingt années de succès pour ramener sous le joug des Romains les différens peuples de l'*Étrurie* qui s'étaient révoltés après avoir été soumis par Tarquin.

Cette longue guerre et les victoires nombreuses qui en furent la suite, procurèrent aux Romains un accroissement considérable de territoire et de population, et à Servius les honneurs du triomphe, trois fois renouvelés.

.566. — Institutions de Servius. — Ce prince conçut un plan de réforme dont le but apparent était de proportionner les impôts aux fortunes, mais dont le motif réel était de diminuer l'influence de la multitude dans les *comices*, ou assemblées du peuple.

Après avoir divisé en tribus les habitans de la ville et ceux de la campagne, Servius forma, de tout le peuple romain, six classes de citoyens qui furent subdivisées en *centuries*.

La première classe comprenait les riches; elle eut 98 centuries.

Les quatre classes suivantes allaient en proportion des richesses, et formaient 95 centuries.

La sixième classe était composée des pauvres. Quoique la plus nombreuse, elle n'avait *qu'une seule* centurie.

Dans les comices, ou assemblées du peuple, on cessa de prendre les suffrages *par tête :* on les prit par *centurie*. Le peuple, dès ce moment, perdit toute influence, puisqu'il ne formait qu'une seule centurie, tandis que la classe des nobles en formait à elle seule quatre-vingt-dix-huit.

C'est ainsi que Servius, ingrat envers les plébéiens qui avaient consolidé sa puissance, leur ravit autant qu'il était en lui le droit électoral, pour en investir les nobles ou patriciens.

566. — Etablissement du cens ou dénombrement. — Comme la distinction des classes était établie en proportion des fortunes, et que les fortunes étaient sujettes à des variations, il fut

décidé que l'on renouvellerait tous les cinq ans le cens ou dénombrement des citoyens. Cet espace de cinq ans, d'un cens à un autre, fut appelé *lustre,* et devint à Rome une mesure de temps comme les olympiades chez les Grecs *.

Servius introduisit l'usage d'AFFRANCHIR LES ESCLAVES et de les admettre au nombre des citoyens. C'était rendre un service à l'humanité, car les Romains, cruels envers ces malheureux, mettaient peu de différence entre eux et les animaux.

Le voisinage et la rivalité entretenaient de continuelles divisions entre les Sabins, les Latins et les Romains. Pour réunir ces différens peuples, Servius les engagea à construire un temple à Rome, où l'on sacrifierait en commun tous les ans ; il ne négligea rien, en un mot, pour cimenter entre eux l'union et la concorde qui devaient être également profitables à tous.

535. — MORT DE SERVIUS-TULLIUS. — Sacrifiant tout au bien de l'état, ce prince, dit on, songeait à déposer l'autorité royale pour établir un gouvernement républicain, lorsqu'il fut assassiné d'une manière atroce par Tarquin, son gendre, qui prétendait à la couronne. *Tullie,* fille de Servius, monstre d'ingratitude et de scélératesse, non contente d'avoir été complice de son

---

* Les *olympiades* se célébraient en Grèce de 4 ans en 4 ans. La première olympiade date de l'année 776, deux siècles environ avant l'établissement des *lustres* à Rome.

barbare époux, foula elle-même sous les roues de son char le cadavre de son malheureux père.

De six rois de Rome, tous dignes d'éloges, si l'on en croit l'histoire, quatre avaient péri déjà de mort violente.

Evénemens étrangers correspondant à cette époque.

GRÈCE. — 556. — *Pisistrate* règne à Athènes et gouverne avec sagesse.

TARQUIN-LE-SUPERBE,

SEPTIÈME ROI DE ROME,

Régna 26 ans.

---

535. — TARQUIN, que son orgueil fit surnommer LE SUPERBE, était le petit-fils du premier Tarquin. S'étant emparé du trône par la violence, il voulut s'y maintenir par la terreur. Les délations, les supplices qui se renouvelaient chaque jour, en lui attirant la haine des citoyens, l'exposaient à leur vengeance, et le faisaient trembler pour lui-même. Une garde nombreuse d'étrangers veillait pour sa défense. Il ignorait sans doute que la garde la plus sûre pour un roi est l'amour de son peuple.

534, etc. — Pour faire oublier sa tyrannie,

Tarquin voulut éblouir la multitude par ses succès; s'étant réuni aux Latins, il remporta de NOMBREUSES VICTOIRES sur les *Volsques*, sur les *Samnites*, et les força de s'avouer tributaires de Rome. On lui décerna alors un double triomphe.

PRISE DE GABIE. — Tous les ennemis de Tarquin n'étaient pas abattus; un grand nombre de patriciens, réfugiés à *Gabie*, ville des Latins, avaient soulevé les habitans contre lui; pour les soumettre, il eut recours à un artifice peu digne d'un roi :

Il engagea, dit-on, *Sextus*, l'un de ses fils, à feindre quelques sujets de mécontentement, afin d'avoir un prétexte pour se joindre aux rebelles. En effet, trompés par les offres et les promesses du jeune prince, les Gabiens le reçoivent et le placent à leur tête.

Dès que Sextus voit son autorité établie, il adresse à son père un message secret pour lui demander ses ordres. Tarquin reçoit dans son jardin l'envoyé de son fils; pour toute réponse, il abat d'un seul coup les têtes de pavots qui s'élevaient au-dessus des autres. Sextus le comprit : il fit périr les principaux Gabiens, et livra la ville à son père.

Tarquin introduisit dans Rome l'usage de l'exil et des tourmens. Ne mettant point de bornes à sa tyrannie, il était devenu odieux à tout ce qui l'entourait; le sénat était sans force, et le peuple abattu n'osait se plaindre; enfin, la nation tout entière était réduite à cet état d'accablement où commence, pour l'ordinaire, la servitude, quand un peuple n'a pas assez d'énergie pour secouer le joug et reconquérir sa liberté. Nous verrons bientôt les Romains prendre ce parti extrême.

Feignant de posséder un livre précieux qui renfermait les oracles de la *sibylle de Cumes*, Tarquin en fit usage pour abuser une nation superstitieuse et crédule; il interprétait les oracles dans le sens que lui dictait sa politique habile et son insatiable ambition *.

ENTREPRISE ET TRAVAUX DE TARQUIN. — Il fit travailler à l'achèvement du grand cirque et des aqueducs commencés par son aïeul (Tarquin-l'Ancien); il s'occupa en outre de la construction du temple de Jupiter. On dit qu'en creusant pour établir les fondations de cet édifice, on trouva une tête d'homme, et que c'est de là que le mont Tarpéïen reçut le nom de *Capitole* (*caput*, en latin, signifie tête).

La superstition interpréta cette circonstance de manière à flatter l'orgueil national; on prétendit qu'elle présageait que Rome serait un jour la *tête* ou la *capitale* de l'Italie. La réalité devait

---

* Les historiens racontent à ce sujet qu'une femme inconnue présenta au roi neuf volumes dont elle demanda une somme considérable qui lui fut refusée. Après avoir brûlé trois de ces volumes, elle vint demander le même prix des six autres. Elle en brûla trois encore; nouvelle proposition, nouveau refus. Cependant les livres ayant été reconnus pour être les *Oracles de la sibylle de Cumes*, Tarquin les acheta, et depuis les fit parler au gré de son intérêt et de sa politique habile.

aller encore bien au-delà de cette prédiction, puisque Rome fut longtemps la *capitale du monde*.

Nous devons rappeler ici, comme une grande époque dans l'histoire des anciens peuples, le règne et la mort de *Cyrus le Grand*. Cet illustre conquérant, devenu maître de l'Asie par ses conquêtes, avait fondé l'empire des Perses en 536. Il mourut en 529, après sept années d'un règne glorieux.

509. — TARQUIN DÉTRONÉ. — ABOLITION DE LA ROYAUTÉ A ROME. — Recueillant le fruit d'une politique habile, Tarquin jouissait paisiblement d'un pouvoir usurpé, quand une insurrection violente vint tout à coup le précipiter du trône.

Sextus, son fils, avait déshonoré Lucrèce, épouse de Collatin; Lucrèce, au désespoir, se donna la mort : ce fut le signal d'un soulèvement général. *Junius-Brutus*, ennemi personnel du tyran, saisit cette occasion pour briser les fers de sa patrie.

Tarquin assiégeait Ardée, ville des Rutules : à la nouvelle des événemens qui se passaient à Rome, il accourt aussitôt; mais les portes lui sont fermées; un décret le condamne, lui et sa postérité, à un bannissement perpétuel, et on dévoue aux dieux infernaux quiconque tenterait de le rétablir. C'est ainsi que la ROYAUTÉ FUT ABOLIE A ROME.

On substitua le GOUVERNEMEET RÉPUBLICAIN au gouvernement monarchique; deux magistrats annuels, sous le nom de CONSULS, devaient gouverner l'état.

Tarquin, abandonné de ses troupes, se réfugia à Tarquinie. Ses biens furent livrés au peuple. Ce prince avait régné 24 ans; il mourut dans l'exil en 495.

Les droits du peuple restreints, la tyrannie du monarque, le mécontentement qui s'ensuivit, et enfin l'attentat de Sextus, tels furent les causes de la grande révolution qui termina l'existence de la royauté romaine. Elle avait subsisté 245 ans, SOUS SEPT ROIS.

Les éloges prodigués aux princes qui occupèrent successivement le trône, la longue durée de leurs règnes, sans exemple dans aucun royaume héréditaire, sont autant de motifs de soupçonner les historiens d'exagération. Les premiers siècles de Rome sont couverts pour nous d'épaisses ténèbres, qui ne nous permettent pas toujours d'apercevoir la vérité.

———————

Evénemens étrangers correspondant à cette époque.

GRÈCE. — 510. — Abolition de la royauté à Athènes. Les *Pisistratides*, ou fils de Pisistrate, sont renversés du trône.

Observation. — On doit remarquer ici le rapport singulier des deux grandes révolutions qui, presque au même moment et par la même cause, changèrent le gouvernement de Rome et d'Athènes : en 510, les Athéniens avaient renoncé au pouvoir monarchique, pour adopter le gouvernement républicain. En 509, les Romains renoncèrent de même à la royauté pour adopter le gouvernement républicain. Des deux côtés la tyrannie du prince qui gouvernait amena cette grande révolution.

FIN DE LA PREMIÈRE ÉPOQUE.

EXERCICES

SUR LE 6ᵉ SIÈCLE JUSQU'A L'ANNÉE 509.

Quel fut le sixième roi de Rome? En quelle année commença-t-il à régner? (579.)

Servius fit-il long-temps la guerre, et à quelle époque? — Combien de fois obtint-il les honneurs du triomphe? — Quel fut le but apparent du plan de réforme qu'il proposa? quel en était le but réel? — En combien de classes divisa-t-il les citoyens? — Ne subdivisa-t-il pas chaque classe en *centuries*? — Combien les riches formaient-ils de centuries? Combien les pauvres en formaient-ils? — Comment recueillait-on les suffrages dans les assemblées, par têtes ou par centuries? — Les pauvres pouvaient-ils alors avoir quelque influence? — Qu'était-ce que le *cens* ou dénombrement? — Pourquoi fut-il établi? — Comment se désignait l'époque où se faisait le cens? — Quelle distance y avait-il d'un *lustre* à un autre? — Que fit Servius en faveur des esclaves? — Comment périt Servius?

Quel fut le septième roi de Rome? — En quelle année Tarquin parvint-il au trône? (535.) — Fit-il la guerre? — Fut-il victorieux? — Comment s'empara-t-il de la ville de Gabie?—Quels travaux fit-il exécuter?— N'a-t-il pas fait commencer le Capitole? — Sur quelle montagne? — Qu'arrive-t-il alors? — Comment Tarquin fut-il renversé du trône? — Quel événement amena sa chute? — Que devint Tarquin? — Combien la royauté avait-elle subsisté à Rome?— Sous combien de rois? — Quel gouvernement remplaça le gouvernement monarchique?

A quelle époque la royauté fut-elle abolie à Athènes? (510.)

Quel fut à Rome et à Athènes la cause de ce changement?

OBSERVATIONS GÉNÉRALES

SUR LA 1re ÉPOQUE. — (LES ROIS.)

De l'an 754 à 509 *.

PROGRÈS PENDANT LA DURÉE DE CETTE ÉPOQUE.

ÉTENDUE, POPULATION. — Romulus, ainsi que nous l'avons vu, ne possédait que quelques cabanes situées sur le mont Palatin. Un petit nombre de pasteurs et de soldats composaient toute la population de la cité naissante.

A la fin de sa première époque, c'est-à-dire deux siècles et demi après sa fondation, Rome possédait un territoire de treize lieues de long et dix de large. Les circonstances n'avaient pas permis des progrès plus rapides sur ce point; n'ayant pas des forces suffisantes pour défendre des possessions étendues, les Romains voulaient conquérir lentement, afin de pouvoir conserver leurs conquêtes. Cet usage prudent prépara dès lors leur grandeur future.

La ville de Rome s'embellit beaucoup pendant la durée de cette première époque : elle fut en-

---

* La première époque finissant à l'année 509, le tableau du sixième siècle ne va que jusqu'à cette même année (509), la *fin du sixième siècle* se trouve indiquée alors sur le tableau suivant, qui comprend aussi la fin du sixième siècle et la totalité du cinquième.

tourée de murailles, et les derniers rois y firent élever de superbes édifices.

Le nombre de ses habitans s'était considérablement augmenté par la réunion des vaincus à la population romaine. Vers la fin de la première époque, on comptait à Rome quatre-vingt mille hommes en état de porter les armes.

Lois, gouvernement. — Romulus d'abord, et Numa ensuite, donnèrent des lois au peuple romain; la constitution établie par eux fut maintenue, sauf quelques modifications, pendant plusieurs siècles; la royauté toutefois n'eût que 245 ans de durée, après lesquels le gouvernement républicain fut adopté.

Armées. — Pendant toute la durée de cette époque, et plus d'un siècle après l'établissement de la république, les Romains continuèrent à ne pas avoir d'armées permanentes. Passant leur vie à combattre, ils ignoraient l'art de la guerre. *Ancus-Martius*, quatrième roi de Rome, fut le premier, dit-on, qui introduisit quelque régularité dans l'ordre des batailles.

Les armes des Romains étaient des épées, des flèches, des javelots d'une pesanteur double des armes ordinaires.

La discipline était d'une sévérité extrême, les chefs ou généraux avaient droit de vie et de mort sur leurs soldats.

Marine. — Tandis que les Carthaginois, maîtres de la mer, recueillaient déjà tous les avantages de la navigation, la marine était encore inconnue aux Romains; il paraît toutefois que Ancus-Martius étendit sa domination jusqu'à la mer d'Etrurie ou de Toscane, où il fit creuser le port d'Ostie.

Religion. — Les Romains, comme les anciens peuples d'Italie, étaient livrés aux plus grossières superstitions; *Numa* institua une religion tout à la fois plus douce et plus sage, mais qui s'altéra sensiblement sous le règne du premier Tarquin.

Civilisation. — C'est la réunion des hommes, c'est l'émulation qui en résulte, qui amène insensiblement les progrès de la civilisation : pourquoi furent-ils si lents chez les anciens peuples d'Italie ? c'est que les tribus éparses qui habitèrent d'abord ce pays ne se réunirent point, c'est qu'elles ne formaient que de petites cités éloignées les unes des autres, et qui n'avaient aucune relation entre elles. A mesure que le peuple romain vit s'augmenter son territoire et sa population, la civilisation sembla faire quelques progrès; mais ils furent peu sensibles, néanmoins, dans l'époque que nous venons de parcourir. Au reste, cela ne pouvait être autrement chez un peuple toujours occupé de guerre, et auquel la guerre était nécessaire, non-seulement pour s'affermir, mais pour subsister; car longtemps les Romains ne vécurent que de pillage et de rapine.

Sciences et arts. — Déjà on voyait briller en

Grèce des talens en tous genres, que Rome, absorbée par ses guerres continuelles, ne possédait encore aucun homme distingué dans les sciences et dans les arts. Il paraît cependant que l'architecture avait déjà produit des chefs-d'œuvre, ainsi que l'attestent les monumens élevés par les rois de Rome.

On doit remarquer aussi, sous *Tarquin-l'Ancien*, le premier établissement d'une école pour l'instruction de la jeunesse.

Ce sont les seuls progrès en ce genre que l'on puisse signaler pendant la durée de cette *première époque*.

ÉTUDE

DES TABLEAUX COMPARÉS.

Explication pour le maître.

Les tableaux comparés offrent une récapitulation générale et méthodique de chaque époque. Pour la première époque, l'étude du tableau comparé se fera ainsi qu'il suit :

Premièrement, l'élève copiera ce tableau, comme il a copié les tableaux séculaires *.

---

* Chaque élève devra avoir un cahier dans lequel il réunira la copie de ces différens tableaux.

Secondement, il l'apprendra par cœur, en suivant l'ordre des dates et en indiquant le peuple chez lequel se passe l'événement ; il dira donc, par exemple :

9ᵉ siècle. — 866. — Grèce. -- *Licurgue, législateur de Sparte.*

9ᵉ siècle. — 860. — Carthage. — *Didon fonde Carthage en Afrique.*

8ᵉ siècle. — 776. --- Grèce. — *Première olympiade, etc., etc.*

Après avoir *récité* le tableau dans l'ordre indiqué, l'élève se préparera à répondre aux questions qui lui seront adressées ; voilà en quoi consistera cette *préparation* *.

Premièrement. Si l'élève n'est pas sûr de sa mémoire, il relira attentivement l'époque qu'il vient d'apprendre, c'est-à-dire pour la première époque, de la page 19 à la page 48 **.

Secondement. Il lira les questions auxquelles il doit répondre, et en même temps il aura sous les yeux le *tableau comparé* de cette même époque, afin de saisir plus facilement les rapprochemens de l'une à l'autre histoire, et de pouvoir

---

* Deux jours doivent suffire à un élève pour se préparer à l'exercice du tableau comparé. Le maître, au reste, fixera le temps qu'il jugera nécessaire pour cette préparation.

** En faisant cette lecture, l'élève observera que les *faits étrangers* indiqués à la fin de différens chapitres, correspondent chacun à une des colonnes du tableau comparé. Exemple : voyez page 37. *Grèce.* — 594. — *Solon, législateur,* etc. Voyez le tableau, deuxième colonne, vous y lisez également : *Solon, législateur,* etc.

ainsi calculer sans peine la distance d'une événement à un autre. Il verra bientôt, par exemple, que de la fondation de Carthage à la fondation de Rome, il y a environ *un siècle* de distance; que de Lycurgue à Solon, il y en a *trois*, ainsi de suite.

Afin de répondre plus exactement aux questions concernant le *peuple grec*, il serait fort utile de recourir au volume de l'histoire ancienne que l'élève aura dû apprendre avant celui de l'histoire romaine; il relirait alors dans l'*Histoire grecque*, l'époque *correspondante* au tableau comparé, c'est-à-dire *depuis Lycurgue jusqu'à l'abolition de la royauté*. (Voir dans le volume de l'Histoire ancienne, deuxième partie, *Histoire grecque*, de la page 80 à la page 103.)

Au moyen de cette lecture, l'élève, en avançant dans l'étude de l'histoire romaine, ne perdrait pas de vue l'histoire de la Grèce, et atteindrait ainsi le but de cette méthode, qui est de réunir, sans les confondre, l'histoire des deux grands peuples de l'antiquité.

Le travail que nous venons d'indiquer, les recherches qu'il exigera, auront un avantage incontestable pour l'étude de l'histoire, en forçant l'élève de revenir sur ce qu'il a déjà appris pour l'apprendre mieux encore, et en le mettant à même de répondre à une foule de questions qui se représentent sans cesse, et qui embarrasseraient beaucoup celui qui aurait appris chaque histoire isolément et sans méthode. On n saurait donc trop recommander aux maîtres l'*étude des tableaux comparés*, sur laquelle nous venons de donner une longue, minutieuse, mais *indispensable* explication *.

Nous avons cru devoir présenter ici les moyens les plus sûrs pour obtenir d'heureux résultats par l'étude des tableaux comparés; mais les règles que nous avons données pourront être modifiées, cependant, selon l'âge et le degré d'intelligence des élèves.

---

* Lorsque l'élève aura répondu exactement aux questions qui lui auront été adressées sur une époque, un excellent exercice serait de lui faire tracer une seconde fois, et de *mémoire*, le tableau comparé de cette même époque. Ce dernier travail serait considéré comme une *composition*; l'élève qui aurait fait le moins de fautes aurait droit à une *récompense*.

TABLEAU DE L'HISTOIRE ROMAINE,

COMPARÉE A CELLE DES DIFFÉRENS PEUPLES.

PREMIÈRE ÉPOQUE. — ROME SOUS SEPT ROIS.

Nota. On a commencé ce tableau comparé à *l'année 866,* un siècle environ avant la fondation de Rome, afin de pou-voir indiquer deux époques essentielles pour ces rapproche-mens : *la législation de Lycurgue et la fondation de Carthage.*

SIÈCLES.	ANNÉES av. J.-C.	ROME.
9e	866.	....
»	860.	....
8e	776.	....
»	754.	Fondation de Rome, par *Romulus,* premier roi. — Division des citoyens en *patriciens* et *plébéiens.*
»	743.	....
»	714.	*Numa,* 2e roi. — Législateur. - Il institue une religion.
7e	671.	*Tullus-Hostilius,* 3e roi. — Combat des Horaces et des Curiaces.
»	657.	....
»	641.	*Ancus-Martius,* 4e roi. — Travaux d'Ancus à Rome.
»	615.	*Tarquin-l'Ancien* 5e roi, embellit Rome et obtient le premier les honneurs du triomphe.
»	600.	....
6e	594	....
»	579.	*Servius-Tullius,* 6e roi. — Il divise le peuple romain en centuries.
»	566	Premier cens, ou *lustre,* de cinq ans en cinq ans.
»	556.	....
»	534.	*Tarquin-le-Superbe,* 7e roi. — Commence le Capitole....
»	510.	....
»	309.	*Tarquin* est renversé. — Abolition de la royauté à Rome.

GRÈCE.	CARTHAGE.	GAULE.
Lycurgue, législateur de Sparte.		
....	Didon fonde Carthage en Afrique.	
Première olympiade, cé-lébrée de quatre ans en quatre ans.		
Guerre des Messéniens contre les Spartiates.		
Fondation de Bysance (ou Constantinople).		
....	....	Première expédition des Gaulois en Italie. Ils fondent Milan.
Solon, législateur d'A-thènes.		
Pisistrate règne à Athènes		
Les fils de Pisistrate sont renversés. — Abolition de la royauté à Athènes.		

Durée de cette *première époque,* depuis la fondation de Rome, *deux siècles et demi* environ, de 754 à 509.

EXERCICES

SUR LE TABLEAU COMPARÉ DE LA 1re ÉPOQUE.

PREMIÈRE ÉPOQUE. — *Rome sous sept rois.*

Quels sont les peuples étrangers qui figurent avec les Romains sur le tableau comparé de la première époque? (*Réponse* : Les Grecs, les Carthaginois et les Gaulois *.)

Dans quel siècle a vécu Lycurgue? — A quel peuple donna-t-il des lois? — Vivait-il avant Romulus ou après Romulus? — A combien d'années de distance vécurent-ils l'un de l'autre? (Un siècle environ.)

En quelle année fut fondée Carthage? — Par qui fut-elle fondée? — Où était située cette ville? — Rome fut-elle fondée avant ou après Carthage? — A combien d'années ou de siècles de distances? — A quelle époque fut fondée la ville de Rome, et par qui? — Combien y a-t-il eu de rois de Rome? — Nommez-les tous les sept. — Quels rois vécurent dans le huitième siècle? — Dans le septième? — Dans le sixième?

Sous quel roi le combat des Horaces et des Curiaces? — Quel roi divisa les citoyens de Rome en *patriciens* et *plébéiens*? — Quel roi les divisa en *centuries*? — Cette dernière division fut-elle avantageuse ou nuisible aux intérêts du peuple? — Comment, depuis, recueillit-on les suffrages dans les comices ou assemblées du peuple?

Quel roi reçut, le premier, les honneurs du triomphe? — Quel roi fit commencer le Capitole? — Quel

---

* Voyez les quatre colonnes du tableau précédent : *Rome,* — *Grèce,* — *Carthage,* — *Gaule.*

Nous indiquerons, entre deux parenthèses, les réponses qui pourraient présenter quelques difficultés à l'élève.

est le quatrième roi de Rome? — Le premier? — Le cinquième? — Le troisième? — Le septième? — Le sixième?

En quelle année fut fondée la ville de Byzance? — Etait-ce avant ou après la fondation de Rome? Quel nom porte aujourd'hui cette ville?

Dans quel siècle vécut Solon? — Dans quel pays? — A quel peuple donna-t-il des lois? — Quel roi régnait à Rome tandis que Solon donnait des lois aux Athéniens? — Combien de siècles se sont écoulés entre Lycurgue, législateur de Sparte, et Solon, législateur d'Athènes? — En quelle année fut célébrée la première olympiade chez les Grecs? — A quelle distance l'une de l'autre se célébraient les *olympiades?* (*Rép.* Tous les quatre ans.) — Combien de siècles après eut lieu à Rome le premier cens ou *lustre?* (Deux siècles environ.) — Quelle distance y avait-il d'un lustre à un autre?

En quelle année les Gaulois passèrent-ils en Italie? — Quelle ville fut alors fondée par eux? — Quel roi régnait alors à Rome?

En quelle année Pisistrate régna-t-il à Athènes? — Quel roi régnait alors à Rome? — En quelle année la royauté fut-elle abolie à Athènes? — En quelle année la royauté fut-elle abolie à Rome? — Quel roi fut renversé du trône? — Quelle distance y eut-il entre l'abolition de la royauté à Athènes et l'abolition de la royauté à Rome? — Quel gouvernement remplaça, à Rome et à Athènes, le gouvernement monarchique ou royal?

Combien de siècles s'étaient écoulés depuis la fondation de Rome jusqu'à l'abolition de la royauté? (Deux siècles et demi.) — Depuis quelle année jusqu'en quelle année? (de 754 à 509 avant J.-C.)

TABLEAU SÉCULAIRE
DE L'HISTOIRE ROMAINE.

DEUXIÈME ÉPOQUE. — LA RÉPUBLIQUE.

SUITE DU 6e SIÈCLE *.

AN de Rome.	ANNÉES av. J.-C.	FAITS PRINCIPAUX.	PERSONNAGES célèbres **.
245.	509.	Établissement du consulat. — Deux consuls gouvernent....	Junius-Brutus, Collatin, consuls.
246.	508.	Siége de Rome, par Porsenna..	Horatius Coclès, Mutius Scévola, Clélie.
		Loi Valéria. — Appel au peuple.	Valérius-Publicola.
	504.	Établissement des questeurs.	

		5e SIÈCLE.	
256.	498.	Établissement de la dictature..	Lartius, premier dictateur.
258.	496.	Guerre contre les Latins. — Bataille de Régile.	
260.	494.	Retraite du peuple au mont sacré. — Établissement du tribunat.	
263.	491.	Guerre contre les Volsques ...	Coriolan, vainqueur.
264.	490.	Exil de Coriolan.	
265.	489.	Siége de Rome, par Coriolan.	
268.	486.	Loi agraire.	
274.	480.	Guerre contre les Véiens.	Les 306 -Fabius.
294.	460.	Guerre contre les Èques. . .	Cincinnatus, dictat.
302.	452.	Décemvirat. — Lois des XII tables.	
311	443.	Établissement des censeurs.	
347.	407.	Établissement des troupes soudoyées.	
349.	405.	Commencement du siége de Véies.	

* La seconde époque ne commençant pas avec le siècle, on a réuni sur un même tableau *la suite* du six.ème siècle et *la totalité* du cinquième.

** Les noms des hommes célèbres sont placés *en regard* des événemens auxquels ils ont pris part.

DEUXIÈME ÉPOQUE.

LA RÉPUBLIQUE.

ESPACE DE CINQ SIÈCLES ENVIRON.

De l'an 509 à l'an 31 avant J.-C.

SUITE DU 6ᵉ SIÈCLE.

509. — ÉTABLISSEMENT DU CONSULAT. — Après l'abolition de la royauté, l'état fut constitué en république. Deux magistrats annuels *, créés par le sénat, devaient gouverner sous le nom de CON-SULS. *Junius-Brutus*, auteur de la conspiration qui avait renversé Tarquin, et *Collatin*, époux de Lucrèce, furent les premiers consuls romains.

Tarquin, secondé des Étrusques, tenta vainement de remonter sur le trône; un complot formé pour le rétablir fut découvert, et les deux fils de Brutus, qui se trouvaient au nombre des coupables, furent exécutés. Leur père lui-même prononça la sentence qui les condamnait à mort; exemple frappant, mais terrible, du dévouement sans bornes des Romains aux intérêts de l'état.

---

* *Annuels*, c'est-à-dire dont le pouvoir ne durait qu'une année.

5

Collatin parut suspect, uniquement pour s'être montré moins rigide, ou, disons-le, moins cruel que Brutus ; on l'aurait banni s'il n'eût abdiqué le consulat.

Valérius, surnommé *Publicola* (l'ami du peuple), remplaça Collatin. Il fut nommé consul quatre fois, ce qui excita le mécontentement du sénat, jaloux de son influence.

Brutus mourut les armes à la main, dans un combat contre *Aruns*, fils de Tarquin ; les Romains honorèrent la mémoire du fondateur de la liberté.

508. — GUERRE CONTRE PORSENNA, ROI D'ÉTRURIE. — Ce prince seconda une nouvelle entreprise de Tarquin, et déclara la guerre aux Romains pour les contraindre à rétablir leur roi. Arrivé aux portes de Rome, Porsenna s'en fût emparé sans doute, sans l'action presque incroyable d'HORATIUS-COCLÈS, qui défendit seul le pont du Tibre, tandis que les assiégés travaillaient à le rompre pour empêcher l'ennemi de pénétrer. Le pont ayant été brisé, Coclès traversa le Tibre à la nage pour rejoindre ses concitoyens, qui lui devaient leur salut.

MUTIUS-SCÉVOLA se dévoua également pour délivrer sa patrie, mais son action n'est pas exempte de blâme :

Le siège de Rome s'était prolongé, et la famine menaçait ses habitans sans qu'il restât aucun moyen d'y remédier. La mort de Porsenna pouvait seule mettre un terme à cette situation désespérée. Scévola résolut d'assassiner le prince aux dépens de sa propre vie. Il pénètre dans le camp ennemi ; mais surpris avant d'avoir pu exécuter son dessein, il est présenté à Porsenna, lui avoue son projet, et obtient sa grâce.

Scévola, sans doute, avait fait preuve de courage et de dévouement en exposant ses jours pour sauver son pays ; mais Porsenna se montra plus grand, plus généreux encore, en pardonnant un attentat que condamnent les lois de toutes les nations.

Porsenna conclut la paix avec les Romains, ce qui acheva d'anéantir les espérances du dernier roi.

Nous rappellerons ici l'action de CLÉLIE et de ses jeunes compagnes : ayant été données en otages à Porsenna, après la conclusion du traité, et ne pouvant se résoudre à vivre loin de leur patrie, elles prirent la fuite et traversèrent le Tibre à la nage, au milieu d'une grêle de flèches que l'ennemi lançait du rivage.

Le consul Publicola renvoya les jeunes héroïnes au camp du roi d'Étrurie, qui les reçut, dit-on, avec tous les égards dus à leur sexe et à leur courage.

De tels récits sont évidemment empreints de merveilleux, ou tout au moins d'exagération. S'il n'est pas permis de les ignorer, il est permis du moins de n'y pas croire entièrement.

504. — LOI VALÉRIA, ainsi appelée de Valérius, son auteur. D'après cette loi, c'était au peuple et

non plus au sénat que l'on devait appeler des jugemens des consuls. La loi *Valéria*, un des plus grands bienfaits de Valérius, devint pour le peuple une importante garantie de ses droits.

Les deux premiers QUESTEURS furent créés sous le consulat de Valérius, et par son conseil. Les questeurs étaient chargés de prendre soin des deniers publics, c'est-à-dire des finances de l'état.

Après avoir rendu d'importans services à son pays, Valérius-Publicola mourut, et sa mort fut un deuil général.

502, etc. — Tarquin, secondé par ses fils et par ses partisans, tenta de nouveaux efforts pour remonter sur le trône. Mais ces inutiles tentatives ne servirent qu'à consolider l'indépendance des Romains.

Evénemens étrangers correspondant à cette époque.

CARTHAGE. — 509. — Première alliance ou traité de commerce entre les Carthaginois et les Romains. — Les Carthaginois forment des établissemens en Espagne et dans la Gaule.

FIN DU 6ᵉ SIÈCLE.

NOTA. *Le premier tableau de la seconde époque comprenant la fin du sixième siècle et la totalité du cinquième, on a réuni également l'exercice sur* la fin du sixième siècle *à l'exercice sur la* totalité du cinquième siècle.

SUITE DE LA DEUXIÈME ÉPOQUE.

LA RÉPUBLIQUE.

5e SIÈCLE AVANT J.-C.

(Voyez le tableau, p. 62.)

498. — ÉTABLISSEMENT DE LA DICTATURE. — Le peuple, en perdant Publicola, avait perdu son plus ferme appui, et s'était vu dès lors exposé aux entreprises et à la haine des patriciens. Tandis que ceux-ci accaparaient les honneurs, les richesses; les plébéiens, sans ressources, et forcés de recourir à des emprunts ruineux, se voyaient en butte aux persécutions d'avides créanciers qui les mettaient en prison ou les réduisaient en servitude *. Exaspérés par le malheur, les plébéiens demandent hautement l'abolition des dettes, et déclarent qu'ils ne s'enrôleront point pour la guerre, si on se refuse à leur demande. La plus grande fermentation régnait dans les esprits. Cependant l'ennemi approchait, il fallait prendre une détermination.

---

* Les lois de ce temps permettaient au créancier, faute de paiement, d'arrêter son débiteur et de le retenir dans sa maison, où il était traité comme esclave. On exigeait souvent le paiement d'une dette à coups de fouet et à force de tourmens.

Le sénat proposa de créer un magistrat suprême qui, sous le nom de DICTATEUR, aurait une autorité absolue, mais qu'il ne pourrait conserver que six mois, dans la crainte qu'il n'abusât de son pouvoir et ne cherchât à s'y maintenir contre le vœu du peuple.

Le dictateur était désigné par l'un des consuls, le peuple devait seulement confirmer ce choix *.

LARTIUS, alors consul, fut nommé dictateur par son collègue Clélius. Il conclut, avec les Latins qui menaçaient Rome et voulaient rétablir Tarquin, une trève d'une année ; il se démit ensuite de la dictature.

496. — BATAILLE DE RÉGILE. — La trève étant expirée, les Latins reprennent les armes ; les troubles qui continuaient et le refus que faisait le peuple de s'enrôler, déterminent le sénat à nommer un nouveau dictateur ; le consul *Posthumius* est désigné.

A la tête d'une nombreuse armée, il marche aussitôt à l'ennemi, et remporte une victoire complète près du lac de Régile. Les deux fils de Tarquin, Titus et Sextus, périrent dans cette sanglante bataille ; le parti de l'ex-roi de Rome fut dès ce moment anéanti pour toujours. Tarquin,

---

* La dictature donnait droit de vie et de mort : jamais pouvoir ne fut plus despotique ; il est à remarquer, toutefois, qu'aucun de ceux qui en furent investis n'en abusa. Sylla fut le premier exemple d'usurpation à cot égard.

accablé de vieillesse et d'infortunes, mourut dans l'exil peu d'années après.

Le sénat avait craint longtemps que le peuple ne rappelât le monarque déchu. Délivré de cette inquiétude, il ne garda plus aucun ménagement. On demande en vain l'abolition des dettes, le consul Appius engage le sénat à ne rien accorder et à punir au contraire les mécontens. Les plébéiens refusent alors de prendre les armes : *Que ceux qui profitent des batailles, aillent combattre,* disent-ils.

Cependant les Volsques s'avancent avec une nombreuse armée : le consul *Servilius,* affectant la popularité, obtient du peuple ce qu'il a refusé à son collègue, le sévère Appius ; les débiteurs s'enrôlent à l'envi ; Servilius marche à leur tête, défait les Volsques, et partage le butin aux soldats.

494. — Retraite du peuple au mont sacré. — Malgré sa dernière victoire, le peuple souffrait de plus en plus de l'oppression des patriciens, et le sénat, excité par Appius, avait de nouveau rejeté toutes ses demandes. Le mécontentement, qui était au comble, excite enfin une révolte.

Le peuple se retire en foule sur le *mont Sacré**, à trois milles de Rome. Là, les rebelles s'établissent, forment un camp, nomment des offi-

* C'est depuis la retraite du peuple sur cette montagne, située au delà du *Tévéron,* qu'elle prit le nom de *mont Sacré.*

ciers, tandis que la terreur se répand dans Rome et gagne le sénat.

Le sénateur *Valérius*, frère de Publicola, élève la voix en faveur du peuple ; il engage le sénat à employer des voies de douceur, comme le plus sûr moyen de ramener les esprits. Dès ce moment, on entre en négociation.

Les premiers députés qu'on envoya aux rebelles reçurent cette réponse : *Qu'après tant de promesses violées, il n'était plus possible de s'en rapporter au sénat ; que les citoyens pauvres voulaient être libres, et que leur patrie serait le lieu où ils jouiraient de leur liberté.*

494. — ÉTABLISSEMENT DU TRIBUNAT. — Dix nouveaux députés remplacent les premiers ; de ce nombre étaient *Lartius*, *Valérius* et *Ménénius-Agrippa*, tous trois aimés du peuple : on les accueille avec joie : l'apologue *des membres et de l'estomac*, que récita Ménénius, produisit sur les rebelles une vive impression *. La promesse d'abolir les dettes acheva de les convaincre, mais à une condition toutefois : on exigea, avant tout, la création des magistrats nommés TRIBUNS,

---

* Voici cet apologue, devenu célèbre par les résultats qu'il eut alors :

« Les membres, révoltés contre l'estomac, qu'ils accusaient » de profiter de leur travail et de ne rien faire pour eux, furent » détrompés par une triste expérience ; lui ayant refusé tous » services, ils tombèrent dans une langueur mortelle. » On prétendit que c'était l'image du peuple injustement prévenu contre le sénat.

chargés uniquement des intérêts du peuple, et dont l'autorité balancerait la puissance consulaire et celle du sénat.

Il y eut d'abord *cinq tribuns* et ensuite *dix :* cette charge était annuelle.

Les tribuns pouvaient s'opposer aux décrets du sénat; le *veto*, ou refus d'un d'entre eux, était suffisant pour tout arrêter; c'était une puissante garantie pour le peuple contre les entreprises des deux premiers pouvoirs de l'état.

On désigna sous le nom de *plébiscites*, les décisions des tribuns ou du peuple; on appela *sénatus-consultes*, les décrets du sénat.

Les tribuns n'eurent aucune marque de dignité; assis à la porte du sénat, ils ne pouvaient y entrer que par ordre des consuls : ils n'en acquirent pas moins une grande influence, et nous verrons leur autorité s'accroître chaque jour.

CRÉATION DES ÉDILES. — Le peuple obtint encore la création de deux nouveaux magistrats tirés des classes plébéiennes. Subordonnés aux tribuns, leur principale fonction était de prendre soin des édifices publics.

Ces magistrats plébéiens furent nommés *édiles*, du mot latin *œdes* (édifice).

491. — GUERRE CONTRE LES VOLSQUES. — L'établissement du tribunat et l'abolition des dettes ayant mis un terme aux dissensions intérieures, on marcha de concert au-devant de l'ennemi. Le

consul *Posthumius-Cominius* battit les Volsques et prit *Coriole*, leur capitale.

Il dut en partie ce brillant succès à la valeur de *Marcius*, jeune patricien, qui possédait toutes les qualités d'un héros. On lui destinait la dixième partie du butin : il refusa, quoique pauvre, et trouva une plus noble récompense dans le surnom de Coriolan, qu'il reçut des soldats, dont il était l'idole.

490. — Exil de Coriolan. — Le peuple romain souffrait d'une grande disette et attribuait ce malheur à la cupidité et à l'imprévoyance du sénat, il murmurait hautement. Une circonstance vint ajouter au mécontentement général : du blé était arrivé de Sicile et devait être distribué gratuitement aux pauvres : Coriolan s'y opposa, et prétendit, au contraire, que l'on devait profiter de l'abattement du peuple, causé par la disette, pour proposer l'abolition du tribunat et pour rompre les conventions du mont Sacré.

Froissant ainsi les intérêts populaires, il excita contre lui une vive indignation ; les services qu'il avait rendus à la patrie furent oubliés, on le condamna à un bannissement perpétuel.

489. — Siége de Rome par Coriolan. — Brûlant de se venger, Coriolan s'était réfugié chez les Volsques ; il les engage à prendre les armes contre sa patrie, et bientôt, marchant à leur tête, il arrive aux portes de Rome, où son approche a répandu la terreur.

Une députation du sénat vient implorer sa clémence ; il est sourd à ses prières, et Rome va succomber, lorsque Véturie, mère de Coriolan, se présente elle-même, espérant que ses pleurs désarmeront un fils rebelle.

Coriolan cède en effet : *Rome est sauvée*, s'écrie-t-il, *mais votre fils est perdu*. La paix fut conclue. Pour reconnaître le service rendu par *Véturie*, le sénat éleva un temple à la fortune des femmes, où les femmes seules eurent le droit d'entrer.

Coriolan, selon quelques écrivains, mourut quelques années après, assassiné par les Volsques. C'est ainsi qu'on profite de la trahison, sans jamais estimer le traître.

486. — LOI AGRAIRE. — Des troubles intérieurs s'étaient ranimés au sujet d'une loi proposée par le consul *Cassius*. Cassius demandait que l'on partageât, non-seulement aux Romains, mais aux alliés, une partie des terres conquises, et celles même que les patriciens avaient usurpées depuis longtemps.

L'article des alliés déplut au peuple, qui aurait voulu se réserver tout le bénéfice du partage. Des querelles continuelles, suite de ce projet, ne cessèrent d'agiter les patriciens et les plébéiens, toujours divisés d'opinion et d'intérêt.

480. — GUERRE CONTRE LES VÉIENS. — DÉVOUEMENT DES 306 FABIUS. — Pour faire diversion aux discordes intestines, les consuls mirent

toute leur politique à occuper au dehors l'ardeur inquiète des plébéiens ; on combattit successivement, et presque toujours avec avantage, les Èques, les Étrusques, les Volsques et les Véiens.

On cite dans cette dernière guerre l'action de 306 patriciens de la famille du consul *Fabius :* après d'éclatans succès et des prodiges de valeur, les Fabius furent attirés dans une embuscade, où ils périrent tous plutôt que de se rendre.

Remarquons ici que vers cette même époque trois cents Spartiates se dévouaient pour leur patrie aux Thermopyles *.

La mort des Fabius fut vengée : le consul Manlius remporta sur les Véiens une victoire complète ; de retour à Rome, il obtint les honneurs de l'*ovation* ou petit triomphe.

460. — LE CAPITOLE PRIS ET DÉLIVRÉ. — Profitant des troubles continuels qui régnaient à Rome, un riche Sabin, nommé *Herdonius*, parvint à s'emparer du Capitole.

Le peuple marche aussitôt contre l'ennemi, et le Capitole est délivré. Le consul Valérius ayant été tué à l'assaut, on choisit pour le remplacer QUINTUS-CINCINNATUS, simple laboureur, qui,

---

* On pourrait croire que, dans cette circonstance, les historiens ont confondu l'histoire de Rome et celle de la Grèce, tant il y a de rapport entre la mort des Fabius et celle des Spartiates ; de chaque côté même nombre, même dévouement, même époque : deux événemens enfin ne peuvent se ressembler davantage.

ayant abandonné ses champs pour le consulat, se fit remarquer par la sagesse de son administration.

460. — GUERRE CONTRE LES ÉQUES. — CINCINNATUS, DICTATEUR. — *Minucius*, qui avait succédé à Cincinnatus dans la dignité de consul, se laissa envelopper par les Èques, auxquels il faisait la guerre : l'armée romaine se trouvant alors dans un péril extrême, on nomme un dictateur, et le choix tombe sur *Cincinnatus*, que la fermeté de son caractère, jointe à ses vertus paisibles, avait rendu cher au peuple.

Sacrifiant son repos à l'intérêt de sa patrie, Cincinnatus quitte de nouveau ses champs, vole au secours de Minucius, le délivre, et rentre triomphant dans Rome. Il abdique ensuite la dictature et va reprendre sa charrue.

Ce noble désintéressement vint ajouter encore à l'estime que les Romains avaient conçue pour lui.

452. — DÉCEMVIRAT. — LOIS DES DOUZE TABLES. — Il restait à peine quelque vestige des lois de Romulus et de ses successeurs. Les consuls décidaient de tous les différends, et le sort des particuliers dépendait ainsi du caprice des patriciens. Pour remédier à ce désordre, le consul Terentius avait proposé de publier un corps de lois qu'on serait obligé de suivre dans l'administration de la justice. Ce projet, qui rencontra une longue et forte opposition de la part des patriciens, fut adopté enfin par une *loi* nommée *Terentia*, de Térentius, son auteur.

D'après cette décision, des commissaires furent envoyés à Athènes pour y recueillir les lois des plus sages législateurs de la Grèce. A leur retour, on élut dix magistrats nommés DÉCEMVIRS, et on leur confia le soin de rédiger le nouveau code. La durée de leurs fonctions fut fixée à une année.

Les décemvirs, pendant ce temps, devaient avoir une autorité absolue sur tous les citoyens et même sur les magistrats. A eux seuls appartenait le droit de faire la paix et la guerre, celui d'assembler le peuple et de convoquer le sénat ; enfin, administrateurs uniques de la république, ils réunissaient les fonctions de *consuls*, de *tribuns*, et leur pouvoir était sans bornes.

Les décemvirs rédigèrent un code de lois dont toutes les dispositions furent approuvées par le sénat et confirmées par le peuple. Ces lois, gravées sur dix tables d'airain, prirent le nom de *lois décemvirales*.

On prétendit que pour compléter le nouveau code, *deux tables* encore étaient nécessaires. L'année cependant était révolue, mais on se décida à continuer un an encore une magistrature dont Rome avait tant à se louer, car jamais elle n'avait été plus heureuse ni mieux administrée que sous les décemvirs.

Dans l'élection nouvelle, *Appius*, le moins estimé des décemvirs, fut le seul réélu. Tout changea dès ce moment, et la tyrannie, les actes arbitraires, remplacèrent bientôt une administration sage et paternelle.

449. — ABOLITION DU DÉCEMVIRAT. — L'année du second décemvirat s'était écoulée; les décemvirs, qui devaient alors cesser leurs fonctions, conservèrent, de leur propre autorité, un pouvoir devenu de plus en plus despotique, mais dont l'abus devait entraîner la ruine.

Appius-Claudius était resté à Rome tandis que ses collègues faisaient la guerre aux Èques et aux Sabins. N'écoutant qu'une aveugle passion, il avait tenté de séduire la jeune *Virginie*, fille de Virginius, ardent plébéien, et promise à Icilius, ancien tribun : repoussé par Virginie, et irrité de ses dédains, Appius voulait la faire enlever de force, la supposant née d'une esclave.

Averti du danger de sa fille, Virginius vole à son secours; il arrive au moment où le redoutable décemvir était prêt à s'en rendre maître par une odieuse sentence; alors, n'espérant plus la sauver, et préférant sa mort à son déshonneur, le malheureux père plonge un couteau dans le sein de sa fille, et montrant ensuite au tyran le fer ensanglanté : *C'est par ce sang pur et chaste,* lui dit-il, *que je dévoue la tête aux dieux infernaux.*

L'indignation, la fureur de Virginius, se communiquent à tout le peuple assemblé, qui bientôt ne respire plus que la vengeance et l'amour de la liberté.

LE DÉCEMVIRAT EST ABOLI. — On rétablit le consulat, le tribunat et le droit d'appel au peuple. *Horatius* et *Valérius,* ennemis des décemvirs, furent nommés consuls, et par des lois populaires, ils rétablirent la tranquillité et augmentèrent le nombre de leurs partisans.

Le peuple, cependant, n'était pas encore satisfait, il demandait instamment des consuls tirés de son sein. Le sénat ne pouvant se résoudre à cette concession, offrit de nommer, à la place des consuls, des *tribuns militaires* ayant la même autorité, et choisis également parmi les plébéiens.

Une loi des douze tables défendait les mariages entre les *patriciens* et les *plébéiens*; cette loi ayant donné lieu à de vives réclamations, on obtint qu'elle serait abolie.

543. — On doit remarquer vers cette époque LA CRÉATION DES CENSEURS, chargés de faire le *cens*, ou dénombrement des citoyens; depuis près de dix-sept ans cette sage coutume avait été abandonnée *.

Aux fonctions attribuées à la censure, on ajouta l'inspection des mœurs, le soin des finances et l'entretien des édifices publics. Cette nouvelle dignité acquit bientôt beaucoup d'importance.

Pendant une longue suite d'années, nous voyons la république romaine troublée à l'intérieur par des dissensions sans cesse renaissantes; au dehors, elle est continuellement en guerre avec les peuples voisins; enfin des succès balancés et jamais

---

* D'après le dénombrement fait à cette époque, la population de Rome était de trois cent mille âmes.

décisifs remplissent ce long intervalle : nous ne nous y arrêterons pas. Le récit d'une foule d'événemens semblables, à peu près, et dans leurs causes et dans leurs résultats, ne servirait qu'à fatiguer la mémoire, sans rien ajouter à l'instruction.

407. — ÉTABLISSEMENT DES TROUPES SOUDOYÉES. — La guerre, jusqu'à ce moment, n'avait consisté pour les Romains qu'en courses sur le pays ennemi et en combats partiels ; chaque soldat faisant à ses dépens le service militaire, voyait bientôt ses ressources épuisées ; réduit alors à de continuels emprunts, une seule campagne suffisait quelquefois pour le plonger dans la misère ; de là ce mécontentement et ces troubles, suite naturelle du malaise des peuples.

Le décret du sénat qui accorda *une solde aux troupes* fut accueilli avec transport et réveilla tout à coup l'ardeur militaire des Romains.

Des armées entretenues aux frais de la république pouvaient seules, en effet, étendre au loin sa puissance. L'établissement des troupes soudoyées forme donc une époque très-remarquable dans l'histoire de cette nation célèbre, dont cet utile changement prépara la grandeur *.

405. — Commencement du SIÉGE DE VÉIES par les Romains. Nous verrons dans le siècle suivant

---

* L'établissement des troupes soudoyées forme également *époque* dans toutes les monarchies modernes.

se terminer ce siége mémorable, qui dura dix années.

Evénemens étrangers correspondant à cette époque.

(5e siècle.)

GRÈCE. — 490. — Première guerre contre les Perses. — *Miltiade* à Marathon.

480. — Deuxième guerre contre les Perses. — Dévouement de *Léonidas* et de trois cents Spartiates aux Thermopyles.

449. — Gouvernement de *Périclès* à Athènes.

Observation. — Au cinquième siècle, la Grèce était parvenue au plus haut degré de sa gloire et de sa splendeur, tandis que Rome commençait seulement à acquérir de la célébrité.

Pendant la durée de ce siècle, la peste et la famine avaient affligé plusieurs fois la ville de Rome ; ce fut une des causes du peu de progrès que fit la civilisation dans cette dernière période.

EXERCICES

SUR LA FIN DU 6ᵉ SIÈCLE.

depuis 509 jusqu'en 500.

---

509. — Après l'abolition de la royauté, quel gouvernement fut établi à Rome ? — En quelle année eut lieu ce changement ? — Combien y avait-il de consuls ? — Quels furent les deux premiers consuls ? — Par qui fut remplacé Collatin ? — Tarquin essaya-t-il de remonter sur le trône ? — Quel fut le résultat de ses tentatives ?

508. — En quelle année eut lieu la guerre contre Porsenna? — Qu'était Porsenna? — Quel motif lui fit entreprendre la guerre contre les Romains? — Quels personnages se sont distingués dans cette guerre? — Quelles furent les actions remarquables d'Horatius-Coclès, de Mucius-Scévola, de Clélie? — Quelle fut l'issue ou le résultat de la guerre contre Porsenna?

EXERCICES

SUR LE 5e SIÈCLE.

NOTA. *Le cinquième siècle ne forme qu'un tableau avec la fin du sixième siècle.*

498. — En quelle année fut élu le premier dictateur? — Dans quelle circonstance? — Par qui devait être nommé le dictateur? — Quel fut le premier dictateur?

496. — En quelle année eut lieu la guerre contre les Latins? — Quels furent les principaux événemens de cette guerre? — Quel en fut le résultat? — Contre quel peuple fit-on la guerre ensuite? — Quel consul commandait alors les Romains? — Fut-il vaincu ou vainqueur?

494. — Quelle fut la cause de la révolte du peuple? — Où se retira-t-il? — Quel fut le résultat de cette révolte? — Quels magistrats furent accordés au peuple dans cette circonstance?

490. — En quelle année eut lieu la guerre contre les Volsques? — Quel personnage se distingua particulièrement dans cette guerre? — Comment se nom-

mait-il d'abord? — Comment se nomma-t-il ensuite? — Que devint Coriolan?

489. — En quelle année vint-il assiéger Rome? — Quel fut le résultat de ce siége? — Comment se termina-t-il?

486. — Qu'était-ce que la loi agraire? — Quel effet produisit ce projet?

480. — En quelle année la guerre contre les Véiens? — Quels personnages s'illustrèrent dans cette guerre, et en quel nombre étaient-ils? — Que firent de glorieux les trois cent six Fabius?

460. — En quelle année la guerre contre les Èques? — Quel danger courut l'armée romaine? — Quel personnage s'illustra et fut nommé dictateur? — Qu'était-ce que Cincinnatus? — Etait-ce un ambitieux ou un bon citoyen?

452. — En quelle année créa-t-on les décemvirs? — Dans quel but? — Comment désigne-t-on le code de lois qu'ils donnèrent aux Romains? — A quelle source, ou plutôt dans quel pays puisèrent-ils ces lois nouvelles?

449. — En quelle année les décemvirs furent-ils renversés? — Pour quel motif? — Quelle nouvelle dignité fut créée pour les plébéiens?

443. — En quelle année l'établissement des censeurs? — Quelles étaient leurs fonctions?

407. — En quelle année eut lieu l'établissement des troupes soudoyées? — Quels furent les avantages de ce changement? — Comment, avant ce temps, le peuple romain faisait-il la guerre?

405. — En quelle année le siége de Véies fut-il commencé par les Romains? — A la fin du cinquième siècle ce siége était-il terminé?

Nota. *On pourrait aussi, à la fin de chaque siècle, ajouter les questions suivantes :*

Quels sont les personnages qui se sont le plus distingués pendant la durée de ce siècle? (nommer le siècle.) L'élève dirait alors les noms et qualités des personnages indiqués sur le tableau dans la colonne destinée aux *hommes célèbres.*

On demanderait ensuite dans quelle circonstance s'est distingué tel ou tel personnage? La réponse serait facile : l'événement est indiqué *en regard* du nom.

TABLEAU SÉCULAIRE
DE L'HISTOIRE ROMAINE.

Suite de la 2ᵉ époque. — (RÉPUBLIQUE.)

4ᵉ SIÈCLE AVANT J.-C.

AN de Rome.	ANNÉES av. J.-C.	FAITS PRINCIPAUX.	PERSONNAGES célèbres.
358.	396.	Prise de Véies par les Romains.	Camille, dictateur.
360.	394.	Soumission de Faléries.	
363.	391.	Exil de Camille.	
364.	390.	Les Gaulois en Italie.......... Bataille d'Allia. — Prise de Rome par les Gaulois...... Le Capitole délivré............	Brennus *, général gaulois. Manlius, sauveur du Capitole.
370.	384.	Manlius précipité du Capitole.	
377.	377.	Création des consuls plébéiens. — Établissement de la préture.	
392.	362.	Peste à Rome................	Curtius.
393.	361.	Guerre contre les Gaulois......	Manlius-Torquatus, Valérius-Corvus.
413.	343.	GUERRE SAMNITE.	
414.	340.	Guerre des Latins............	Décius-Mus, cons.
424.	330.	Révolte des Privernates.	
433.	321.	Suite de la guerre samnite. Les Romains aux Fourches-Caudines..................	Fabius, général.
434.	320.	Les Samnites vaincus......... Passent sous le joug.	Papirius, dictat.

* Les noms en italique, dans la colonne des hommes célèbres, indiquent un personnage *étranger*.

Abréviations. — *Gén.*, général. — *Cons.*, consul. — *Dict.*, dictateur.

SUITE DE LA DEUXIÈME ÉPOQUE.

RÉPUBLIQUE.

4ᵉ SIÈCLE AVANT J.-C.

396. — PRISE DE VÉIES PAR LES ROMAINS. — L'établissement d'une solde pour les troupes avait doublé les forces de l'armée. Les Romains, qui jusque-là n'avaient fait que des guerres partielles et peu importantes, purent dès lors former de grandes entreprises. Depuis l'an 405, ils tenaient assiégée *Véies*, ville capitale de l'Étrurie, et depuis longtemps ennemie mortelle de Rome : ce siége mémorable, et dirigé avec une méthode inconnue jusqu'alors, dura dix ans.

La ville fut prise enfin, au moyen d'une mine que CAMILLE, ÉLU DICTATEUR, fit creuser sous les remparts : le carnage fut terrible et le butin immense. Le vainqueur obtint un triomphe éclatant, mais qui eût été mieux mérité si l'illustre général eût uni la modération à la gloire.

394. — FALERIES, ville des Falisques, fut soumise encore, par *Camille*, tandis que les consuls Émilius et Posthumius triomphaient des Èques en bataille rangée.

391. — EXIL DE CAMILLE. — Malgré ses bril-

lans succès, Camille n'était pas aimé du peuple, dont il affectait de dédaigner la faveur; il acheva de l'irriter en l'obligeant de rapporter le dixième du butin de Véies, destiné, disait-il, à l'accomplissement d'un vœu en faveur d'Apollon. Il n'était pas probable que ce vœu eût été oublié, aussi accusa-t-on généralement Camille de vouloir s'approprier cette nouvelle part du butin. Indigné d'une accusation qu'il prétendait fausse, il refusa de se justifier, et s'exila volontairement pour prévenir une sentence injuste. Prêt à se rendre chez les Ardéates, il dit en quittant Rome: *Puissent les dieux forcer les Romains à me regretter !*

On ne répare pas, en effet, la perte d'un grand homme; les Romains le sentirent bientôt.

390. — LES GAULOIS EN ITALIE. — BATAILLE D'ALLIA. — Vers l'an 600, sous le règne du premier Tarquin, nous avons vú les Gaulois tenter une première expédition en Italie; depuis, ils y étaient venus de nouveau pour former des établissemens, et avaient fondé plusieurs villes.

Sous le commandement de *Brennus*, un de leurs chefs, ils assiégeaient alors Clusium, en Étrurie : cette ville sollicita le secours des Romains.

Trois jeunes patriciens, envoyés comme ambassadeurs, furent chargés de négocier la paix entre les Clusiens et les Gaulois. Mais, oubliant leur mission pacifique, ils pénètrent dans la ville et se mettent à la tête des habitans pour combattre les Gaulois.

Irrité de cet abus de confiance, Brennus marche aussitôt vers Rome; il veut qu'on livre les coupables à sa vengeance; mais au lieu de les punir, on les récompense, en les nommant tribuns militaires pour l'année suivante.

La guerre éclate aussitôt, et Brennus est victorieux à la JOURNÉE D'ALLIA *, où les Romains furent défaits presque sans combattre. On n'avait pas consulté les *augures*, que la superstition rendait si respectables; ce fut sans doute pour les soldats un motif de découragement.

Mais bientôt les Gaulois approchent, et Rome se remplit de consternation et de terreur; la jeunesse s'enferme dans le Capitole pour s'y défendre jusqu'à la dernière extrémité; quatre-vingts sénateurs se dévouent à la mort. (Dévouement généreux, auquel on attachait le pouvoir d'effrayer l'ennemi et de l'éloigner.)

Mais rien ne saurait arrêter les Gaulois, impatiens d'assouvir leur vengeance. Ils entrent dans Rome, pénètrent dans le sénat, et massacrent impitoyablement ces hommes vénérables, immobiles sur leurs chaises curules **. Ils attaquent ensuite

---

* L'*Alliá*, rivière du Latium, près de laquelle se donna cette bataille.

** On appelait *chaises curules*, des chaises ornées d'ivoire; certaines magistratures donnaient seules le droit de se faire porter dans les chaises curules. De ce nombre étaient le sénat, le consulat, la censure, la dictature, la préture, et, plus tard, les édiles patriciens. Ces magistratures curules transmettaient le titre de *nobles* aux descendans de ceux qui les avaient obtenues.

le Capitole, et ayant été repoussés ils mettent le feu à la ville. C'est alors que furent détruits les anciens monumens historiques.

Tout était perdu, si *Camille* n'eût préféré au triste plaisir de la vengeance le bonheur plus réel d'être utile à son pays. Réfugié chez les Ardéates, il les presse vivement de s'armer contre les Gaulois ; les Ardéates s'unissent à lui, et ils marchent ensemble vers Rome.

Une première victoire rend l'espérance aux Romains, ils conjurent l'illustre exilé de se mettre à leur tête, et le nomment dictateur.

Cependant le siége continue : depuis six mois le Capitole résistait aux attaques de l'ennemi, lorsqu'une nuit Brennus faillit surprendre cette forteresse. *Manlius*, qui la défendait, fut éveillé par le cri des oies consacrées à Junon : il prit aussitôt les armes, et parvint à se défendre jusqu'à l'arrivée de ses compagnons, qui, de concert avec lui, repoussèrent l'attaque. Le Capitole fut délivré.

Que les oies, plus vigilantes que les chiens, aient donné l'alarme à Manlius, on peut en douter ; mais il est avéré que depuis ce temps les oies furent en honneur à Rome, et que les chiens y furent détestés et même *punis*, car on ne manquait pas d'en empaler un tous les ans.

Manlius fut surnommé *Capitolinus*, pour le courage héroïque avec lequel il avait défendu le Capitole.

Brennus, désespérant de forcer les Romains dans leur forteresse, les admit à capituler, et l'on convint de lui donner mille livres pesant d'or pour la rançon de la ville : le consul Sulpicius apporta cette somme. On raconte que Sulpicius s'étant plaint que les balances des Gaulois étaient fausses, Brennus ajouta son épée aux poids, en disant : *Malheur aux vaincus !* Camille survint alors, et, comme dictateur, il rompit le marché : *C'est le fer et non l'or, s'écria-t-il, qui doit racheter les Romains :* on se bat, l'ennemi est taillé en pièces, et Rome est délivrée.

Tel est le récit de quelques historiens, amis sans doute du merveilleux : d'autres prétendent (et cela est plus probable) que les Gaulois traitèrent avec les Romains, leur remirent leur ville et coururent défendre leur propre territoire attaqué par les Vénètes.

384. — CONDAMNATION DE MANLIUS. — Le sauveur du Capitole aspirait, dit-on, au pouvoir suprême, et cherchait à gagner le peuple pour arriver plus sûrement à son but : on ne vit que son ambition, on oublia ses services ; accusé devant le peuple, on le condamna, et il fut précipité du haut de ce même Capitole d'où il avait chassé l'ennemi de sa patrie.

Le repentir suit toujours de près une action injuste et barbare : le peuple ne tarda pas à déplorer son ingratitude, et regarda comme une punition des dieux la peste qui survint peu de temps après.

Des incursions de la part des Èques, des Volsques et des Véiens (éternels ennemis de Rome), se renouvelèrent pendant plusieurs années, et fournirent aux Romains de nouvelles occasions de vaincre sous le commandement de Camille.

377. — Création des consuls plébéiens. — Une loi nouvelle donna aux plébéiens le droit de partager le consulat avec les nobles ou patriciens. Il était juste, en effet, que le mérite pût indistinctement élever aux honneurs les hommes plus ou moins favorisés par la nature ; le sénat, toutefois, ne consentit qu'avec peine à une disposition qui blessait l'orgueil des patriciens.

Pour décourager les décemvirs, on créa LA PRÉTURE, magistrature nouvelle, qui leur fut exclusivement réservée. Les fonctions d'un *préteur* étaient de rendre la justice.

On créa en même temps deux ÉDILES PATRICIENS, ou curules, qui devaient prendre soin des monumens publics.

362. — Peste. — Dévouement de Curtius. — La peste, qui plusieurs fois déjà avait ravagé ces contrées, vint de nouveau répandre la désolation dans Rome ; elle enleva *Camille*, qui, à l'âge de quatre-vingts ans, était utile encore à son pays : il venait d'être élu dictateur pour la cinquième fois.

La peste continuait. Après avoir employé pour éloigner le fléau tous les moyens qu'indiquait la superstition, Rome fut délivrée, dit-on, par le dévouement de CURTIUS. Voici ce qu'on raconte à ce sujet :

Un gouffre s'était ouvert au milieu de la ville; on ne pouvait parvenir à le combler. Les augures, cependant, avaient déclaré qu'il se refermerait lorsqu'on y aurait jeté *ce qui faisait la force de Rome*, c'est-à-dire ce qu'on avait de plus précieux. Curtius, jeune patricien, se dévoua pour apaiser la colère divine. S'étant présenté à cheval et richement armé : *Romains*, dit-il, *c'est la jeunesse, c'est la valeur qui font la force des états*. A ces mots, il se précipite dans l'abîme, qui se referme aussitôt.

On conçoit que des faits semblables sont évidemment fabuleux; mais ils flattaient l'orgueil national; on se plaisait à les croire et à en transmettre le souvenir.

361. — GUERRE CONTRE LES GAULOIS. — Dans les récits merveilleux de cette époque, on cite encore le combat du jeune MANLIUS-TORQUATUS contre un géant gaulois. Après avoir tué le géant à la vue des deux armées, Manlius lui enleva son collier d'or, d'où lui vint le surnom de *Torquatus*.

Les historiens célèbrent également le combat de VALÉRIUS-CORVUS contre un Gaulois. On suppose qu'un corbeau, perché sur le casque du Romain, seconda puissamment ses efforts et lui assura la victoire.

Sans nous arrêter davantage à ces fables absurdes, nous dirons seulement que dans la guerre nouvelle que Rome eut à soutenir contre les Gaulois, ces derniers furent battus et contraints de se retirer dans la Campanie.

6.

343. — GUERRE SAMNITE. — De tous les peuples d'Italie, les Samnites furent les plus puissans et les plus redoutables ennemis des Romains. Voici quelle fut la cause première des guerres longues et sanglantes qui eurent lieu entre ces deux peuples.

Les Samnites attaquaient et étaient sur le point de subjuguer les Campaniens, peuple mou, sans énergie, et dont la capitale, la riche et délicieuse Capoue, tremblait à l'approche de l'ennemi.

Pressés de toutes parts, les Campaniens implorent le secours de Rome. On leur répond qu'un traité solennel lie les Romains aux Samnites, et qu'on ne peut rompre cette alliance en faveur d'un autre peuple. Ils lèvent cette difficulté en se donnant aux Romains.

Si vous ne voulez pas prendre notre défense, disent les députés de Capoue, *prenez donc la vôtre, car nous nous donnons à vous, nous, nos champs, nos villes, nos dieux, tout ce que nous possédons.* On accueille cette offre avec joie, et des ambassadeurs sont aussitôt envoyés aux Samnites pour leur demander de ne rien entreprendre contre un peuple devenu dépendant de Rome. Les ambassadeurs avaient ordre de joindre les menaces aux prières, si celles-ci ne suffisaient pas.

Les Samnites irrités repoussent la négociation, les négociateurs, et font éclater leur indignation en portant le ravage dans la Campanie. Les Romains leur déclarent aussitôt la guerre.

Cette guerre, par sa violence, par sa durée

(d'un demi-siècle environ), forme une époque très-remarquable dans l'histoire de Rome; elle eut quelques intervalles, mais pour se ranimer ensuite avec une nouvelle fureur.

Le résultat de cette première tentative fut la DÉFAITE DES SAMNITES, qui se virent contraints de demander la paix et de renouveler leur alliance avec les Romains. La guerre fut ainsi suspendue.

340. — GUERRE DES LATINS. — DÉVOUEMENT DE DÉCIUS. — Jaloux de la puissance de Rome, les Latins voulaient avoir part aux premières dignités de l'état, ou reprendre les armes. On combattit : les deux consuls, *Manlius-Torquatus* et *Décius-Mus*, se signalèrent dans cette guerre nouvelle; le premier donna l'exemple d'une sévérité barbare en faisant mourir son propre fils pour avoir combattu sans son ordre. Décius ne sacrifia que lui. Après un long combat, les troupes, épuisées par la fatigue, étaient sur le point de faiblir; pour ranimer leur courage chancelant, DÉCIUS se précipite au milieu des soldats ennemis, en *se dévouant aux dieux infernaux.* Quoiqu'accompagné d'idées superstitieuses, le dévouement de Décius n'en est pas moins admirable : il excita l'enthousiasme des soldats, ranima leur courage et leur assura la victoire.

Les Latins furent subjugués : Camille, petit-fils de l'illustre dictateur, conseilla de leur accorder le droit de cité, pour les attacher à l'état et augmenter le nombre des citoyens : «*L'unique moyen,* dit-il, *d'établir solidement une domina-*

tion, *est de faire en sorte que les peuples soumis obéissent avec joie.* » Cette sage politique, en effet, contribua plus que les armes à fonder la puissance romaine.

330. — RÉVOLTE DES PRIVERNATES. — Les habitans de Privernes, ville des Volsques, s'étaient révoltés : cette ville ne put résister aux armes romaines ; elle succomba.

Un grand nombre de prisonniers allaient être immolés ; la noble fierté de l'un d'eux les sauva tous. Quelle peine, lui demanda-t-on, semblent mériter vos concitoyens? — *Celle que méritent des hommes qui se croient dignes de la liberté.* — Mais si l'on vous pardonne, ajouta le consul Plautius, quelle sera votre conduite alors? — *Notre conduite,* répliqua le prisonnier, *dépendra de la vôtre : si vous nous accordez des conditions équitables, nous resterons constamment fidèles ; si vous nous en imposez de dures, notre fidélité sera courte.*

Les Romains avaient de la grandeur d'âme ; ils regardèrent comme dignes d'eux des hommes aussi jaloux de la liberté : ils en firent des Romains.

325. — SUITE OU REPRISE DE LA GUERRE SAMNITE. — Après quelques années de repos, les Samnites avaient repris les armes. *Fabius-Ruffianus,* général romain, remporta sur eux un premier avantage. Mais ayant vaincu en l'absence et contre l'ordre du dictateur *Papirius-Cursor,* le vain-

queur fut déclaré coupable et condamné à mort pour sa désobéissance. L'armée s'opposa à l'exécution de cette odieuse sentence; le peuple, n'osant prononcer, implora la clémence du chef de l'état, et Papirius, vivement sollicité, pardonna.

321. — TRAITÉ DES FOURCHES-CAUDINES. — La guerre continuait, et les Romains étaient partout victorieux, lorsqu'au moyen d'une ruse de guerre, Pontius, général samnite, attira l'armée dans un défilé étroit et profond, nommé les *Fourches-Caudines*. Elle s'y trouva enfermée sans qu'il fût possible de la dégager; Pontius ne lui permit d'en sortir qu'après l'avoir fait passer sous le joug, cérémonie flétrissante, qui, en excitant chez les Romains le désir de la vengeance, allait donner à cette guerre une animosité nouvelle.

Pontius avait consulté son vieux père sur le parti qu'il devait prendre dans cette circonstance : *Détruisez vos ennemis, ou faites-en des amis,* avait répondu le vieillard ; *tuez tous les Romains, ou renvoyez-les tous dans leur patrie sans les humilier.* Un terme moyen lui semblait dangereux; l'événement justifia sa prévision.

320. — Le sénat, indigné, refusa de ratifier le *traité des Fourches-Caudines.* Le consul Posthumius, qui l'avait conclu, demanda à être livré aux Samnites, afin de décharger la république de tout engagement; il fut livré en effet, et bientôt la guerre se ralluma avec plus de violence que jamais.

Le consul Papirius, à la tête de l'armée romaine, obtint bientôt d'éclatans succès, et soumit les Samnites à la même humiliation qu'ils avaient fait subir naguère aux Romains. Une trève de deux années suspendit ensuite les hostilités.

Pendant la durée de cette longue guerre, qui fut alternativement suspendue et renouvelée, les Samnites firent des pertes irréparables, et Rome, de son côté, paya chèrement ses triomphes.

Le quatrième siècle ne vit point terminer cette lutte sanglante et acharnée ; elle se prolongea dans les premières années du siècle suivant, ainsi que nous le verrons bientôt.

Au milieu de ces funestes débats, nous voyons naître quelques établissemens utiles. En 312, *Appius-Claudius*, alors censeur, fit construire à Rome un aqueduc magnifique auquel il donna son nom ; il fit faire encore, vers la même époque, ce fameux chemin qu'on appelle la *voie Appienne*.

Evénemens étrangers correspondant à cette époque.

(4ᵉ siècle.)

Grèce. — 375. — Guerre de Thèbes. *Epaminondas*, vainqueur à Mantinée.

360. — *Philippe* règne en Macédoine.

336. — Alexandre-le-Grand, roi de Macédoine. Ses brillantes conquêtes.

301. — Partage de l'empire d'Alexandre.

Carthage. — 348. — Traité de commerce entre les Carthaginois et les Romains.

EXERCICES

SUR LE 4e SIÈCLE.

En quelle année les Romains se rendirent-ils maîtres de Véies ? (395.) — Par quel moyen ? — Quel personnage s'était distingué pendant le siége de Véies ?

Par qui fut soumise la ville de Faléries ? — Par qui les Èques furent-ils battus ? — Que devint Camille après ses succès ?

En quelle année commença la guerre contre les Gaulois ? (391.) — Quelle en fut la cause ? — Quels furent les principaux événemens de cette guerre ? — Comment les Gaulois s'emparèrent-ils de Rome ? — Qu'était-ce que les magistratures curules ? — Pourquoi les appelait-on ainsi ?

Quel fut le sauveur du Capitole ? — Quelle fut l'issue de la guerre contre les Gaulois ? — Que devint Manlius ? — Combien de fois Camille fut-il élu dictateur ?

A quelle époque furent établis les consuls plébéiens ? (377.) — Par quel motif créa-t-on la *préture ?* — Quelles étaient les fonctions des préteurs ?

Quelle fut l'action de Curtius pendant la peste ? — Ce fait paraît-il croyable ?

En quelle année se renouvela la guerre contre les Gaulois ? (361.) — Que firent Manlius-Torquatus et Valérius-Corvus ? — Ces faits ne sont-ils pas empreints de merveilleux, et dès lors peu vraisemblables ?

En quelle année commença la guerre contre les Samnites ? (344.) — Quelle fut la cause de cette longue guerre ? — Quel fut le résultat de cette première tentative ?

En quelle année commença la guerre contre les Latins? (340.) — Quelle en fut la cause? — Que firent Manlius-Torquatus et Décius-Mus? — Comment se termina cette guerre?

En quelle année eut lieu la révolte des Privernates? (330.) — Quelle fut la réponse d'un Privernate au consul Plautius? — Quelle fut la conduite des Romains envers les Privernates?

En quelle année recommença la guerre samnite? (325.) — Quel général se distingua dans cette guerre? — Qu'arriva-t-il à Fabius après ses succès? — Qui était alors dictateur? — Qu'arriva-t-il aux *Fourches-Caudines?* — Les Romains vengèrent-ils cet affront? — Qui les commandait alors?

TABLEAU SÉCULAIRE
DE L'HISTOIRE ROMAINE.

Suite de la 2ᵉ époque. — (RÉPUBLIQUE.)

3ᵉ SIÈCLE AVANT J.-C.

ANS de Rome	ANNÉES av. J.-C.	FAITS PRINCIPAUX.	PERSONNAGES célèbres.
464.	290.	Traité avec les Samnites.. ...	Curius-Dentatus.
474.	280.	Guerre contre Pyrrhus.	Fabricius, consul.
		Bataille d'Héraclée	*Pyrrhus*, roi d'Épire.
485.	269.	Rome fait battre pour la première fois de la monnaie d'argent.	
485.	264.	PREMIÈRE GUERRE PUNIQUE. — La Sicile soumise.	
494.	260	Premier combat naval......	Duilius, consul.
499.	255.	Guerre d'Afrique...........	Régulus, consul.
504.	250	Siége de Lilybée.	
513.	241.	Fin de la 1ʳᵉ guerre punique.	
535.	218.	DEUXIÈME GUERRE PUNIQUE.	
		Siége de Sagonte......... .	*Annibal*, général.
537.	217.	*Annibal* en Italie.	
538.	216.	Bataille de Cannes, perdue par les Romains.	
540.	214.	Siége de Syracuse.........	Marcellus, consul.
551.	203	Bataille de Zama en Afrique.	Scipion-l'Africain.
		Annibal se retire en Asie.	
553	201.	Fin de la 2ᵉ guerre punique.	

SUITE DE LA DEUXIÈME ÉPOQUE.

LA RÉPUBLIQUE.

3ᵉ SIÈCLE AVANT J.-C.

290. — **TRAITÉ AVEC LES SAMNITES.** — La guerre, qui durait depuis plus d'un demi-siècle, se termina enfin par la défaite des Samnites. *Pontius,* leur général, qui avait opposé une vigoureuse résistance, fut pris et amené à Rome les mains liées derrière le dos. Loin d'honorer son courage et de plaindre son malheur, on le fit mourir.

Les Samnites demandèrent la paix, qu'on leur accorda : le consul *Curius-Dentatus,* chargé d'en régler les conditions, repoussa avec dédain les offres des ambassadeurs samnites, qui espéraient lui faire sacrifier en leur faveur les intérêts de son pays.

Ma pauvreté, leur dit-il, vous a donné l'espoir de me corrompre, mais j'aime mieux commander à ceux qui ont de l'or que d'en avoir. Curius-Dentatus savait que le témoignage d'une bonne conscience est en effet le premier des biens. Le traité fut conclu à l'avantage des Romains, et les deux peuples, si longtemps ennemis, devinrent alliés pour un moment.

La guerre des Samnites fut la plus importante,

mais non pas la seule que Rome eut à soutenir pendant ce long intervalle; les *Herniques*, les *Èques*, les *Volsques*, les *Étrusques* et les *Gaulois*, renouvelèrent également leurs tentatives; mais soit qu'ils combattissent ensemble ou séparément, ces peuples furent constamment vaincus par les armées romaines.

280. — GUERRE DE PYRRHUS, ou guerre Tarentine. — Tarente, colonie de Sparte, était située sur les côtes méridionales de l'Italie, appelée *Grande-Grèce;* cette ville, riche et florissante, méprisait les Romains comme des barbares, et les redoutait comme d'avides conquérans. Un léger prétexte alluma la guerre entre ces deux peuples : les Tarentins ayant imploré le secours de Pyrrhus, roi d'Épire, ce prince ambitieux saisit avec empressement cette occasion de se signaler contre un peuple déjà célèbre, qu'il se flattait de subjuguer.

Chef d'un état obscur, mais formé à l'école des capitaines d'Alexandre, Pyrrhus était alors le plus illustre guerrier de la Grèce. Il embarqua une nombreuse armée, que vingt éléphans devaient puissamment seconder, ces animaux étant alors inconnus aux Romains.

Les Tarentins s'aperçurent bientôt que Pyrrhus serait pour eux moins un allié qu'un maître; à peine est-il arrivé à Tarente, que par ses ordres les théâtres sont fermés, les plaisirs cessent. Il soumet enfin à une discipline sévère un peuple mou et efféminé.

280. — BATAILLE D'HÉRACLÉE. — Les Romains,

ayant à leur tête le consul *Lévinius,* marchent au-devant de l'ennemi ; les armées se rencontrent à Héraclée. Pyrrhus triompha, et dut la victoire à ses éléphans. A la vue de ces monstrueux animaux, chargés de combattans, l'effroi, le désordre se répandirent de toutes parts, et la fuite devint générale. Les Romains, toutefois, avaient fait un horrible carnage de l'ennemi. *Je suis perdu,* dit Pyrrhus, *si je remporte encore une victoire semblable.*

La guerre se poursuivit avec une nouvelle fureur, et Pyrrhus était aux portes de Rome, lorsqu'une armée consulaire le força de rétrograder.

Des ambassadeurs lui furent envoyés : de ce nombre était *Fabricius,* qui devait traiter du rachat des prisonniers. Ce vertueux citoyen refusa les présens que lui offrit Pyrrhus pour obtenir des conditions favorables. Ainsi que Dentatus, il préférait l'honneur et la pauvreté à des richesses bassement acquises.

Pyrrhus, désirant la paix, envoya à Rome son ministre Cynéas, pour négocier un accommodement. Les conditions qu'il proposait étaient humiliantes ; elles furent rejetées unanimement par le peuple et par le sénat.

Cynéas dit à Pyrrhus, à son retour, que *Rome lui avait paru un temple, et le sénat une assemblée de rois.*

Le médecin de Pyrrhus avait offert aux Romains d'empoisonner ce prince, moyennant une forte récompense. Fabricius indigné rejeta cette odieuse proposition, et en instruisit le roi. Touché de cette action généreuse, Pyrrhus s'écria : *Il serait plus facile de détourner le soleil de sa route, que Fabricius du sentier de la justice et de la probité.*

274. — Fin de la guerre de Pyrrhus. — Après six années d'une guerre qui avait eu quelques intervalles, Pyrrhus abandonna l'Italie pour toujours. Les Romains, délivrés de ce dangereux ennemi, soumirent bientôt la ville de Tarente et toute cette partie de l'Italie appelée *Grande-Grèce.*

Pyrrhus, qui porta ensuite la guerre en Macédoine et dans le Péloponnèse, fut tué au siége d'Argos.

A l'exception de quelques démêlés peu importants avec les Lucaniens et les Samnites, Rome fut paisible, depuis la retraite de Pyrrhus en 274, jusqu'au commencement de la première guerre punique en 264, c'est-à-dire l'espace de dix ans environ.

269. — Vers cette époque, les Romains, sous le consulat d'Appius, commencent à faire BATTRE DE LA MONNAIE D'ARGENT.

GUERRES PUNIQUES

OU CARTHAGINOISES.

Notions préliminaires sur les Carthaginois.

Avant d'entreprendre le récit des guerres puniques, qui forment une des grandes époques de l'histoire romaine, il est indispensable de donner une idée de la république célèbre qui allait devenir la rivale de Rome, après avoir surpassé en richesses et en puissance les villes de Tyr et de Sidon.

Carthage, colonie phénicienne, était située sur la côte septentrionale d'Afrique, au nord de la Libye et presque en face de la Sicile. (Voyez la carte.) Cette ville avait été fondée par Didon, sœur de Pygmalion, roi de Tyr, l'an 860 *, un siècle environ avant la fondation de Rome.

La position de Carthage offrit de grands avantages au commerce maritime, ce qui devint pour la république naissante une source de richesses et de prospérité. Maîtres de la mer, c'est en cela surtout que les Carthaginois eurent de grands avantages sur les Romains, qui n'avaient point encore de marine.

Le gouvernement des Carthaginois était républicain, et se composait de trois pouvoirs différents, savoir : deux magistrats annuels, appelés *suffètes*, le *sénat* et le *peuple*.

Entièrement livrés au commerce, dédaignant les sciences et les arts qui ne conduisaient pas à la fortune, les Carthaginois étaient peu civilisés. Leur religion était remplie de superstitions, et leurs mœurs, comme leur politique, étaient souvent barbares et sanguinaires.

Les Carthaginois et les Romains avaient conclu

---

* Voyez Histoire ancienne, *Phéniciens*.

à différentes époques des traités de commerce; l'un sous le consulat de Brutus, en 509; l'autre, plus récent, datait de l'année 289. Mais ces deux peuples, qui n'avaient eu jusqu'alors que des relations amicales, voulurent en même temps conquérir la Sicile, et l'ambition alluma entre eux une guerre sanglante, qui, en ajoutant à la puissance romaine, devait entraîner la ruine de Carthage.

On a désigné sous le nom de *guerres puniques* les guerres qui eurent lieu entre les Carthaginois et les Romains*.

PREMIÈRE GUERRE PUNIQUE.

Les Mamertins, peuples originaires de la Campanie, s'étaient emparés de Messine, ville de Sicile. *Hiéron*, roi de Syracuse, les attaqua, et fut soutenu par les Carthaginois. Les Mamertins alors demandent des secours à Rome, et bientôt les Carthaginois et les Romains (ennemis pour la première fois) vont se trouver en présence.

---

* Punique, du latin *Pœni*, qui signifie Carthaginois, ou plutôt Phénicien.

Il y a eu trois guerres puniques : la première, commencée en 264, dura 23 ans.

La deuxième, commencée en 219, dura 17 ans.

La troisième, enfin, commença l'an 149 et dura 5 ans. Ainsi, les deux premières guerres puniques eurent lieu dans le *troisième siècle*, et la dernière dans le *deuxième siècle*. Elles eurent ensemble 115 ans de durée.

Le consul Appius passe le détroit avec une petite flotte, il commande l'armée romaine, et remporte sur Hiéron et les Carthaginois une victoire signalée, et d'autant plus glorieuse que les Romains, jusqu'alors, n'avaient point essayé leurs armes hors du continent. Ce premier succès fut suivi de beaucoup d'autres, qui détachèrent Hiéron de l'alliance avec les Carthaginois.

En quelques années, TOUTE LA SICILE FUT SOUMISE AUX ROMAINS, à l'exception des côtes, que, faute de vaisseaux, ils ne pouvaient attaquer.

261. — PREMIER COMBAT NAVAL. — Les Romains n'avaient pas de marine; il fallait en créer une, ou renoncer à vaincre les Carthaginois. Le hasard et l'industrie vinrent bientôt à leur secours. Une galère ou frégate carthaginoise, échouée sur les côtes, leur servit de modèle. On travailla avec tant de zèle, qu'en moins de deux mois, dit-on, Rome posséda une flotte capable de rivaliser avec celle de Carthage.

Pour rendre inutile la légèreté des bâtiments ennemis et l'habileté de leurs rameurs, le consul DUILIUS inventa une machine appelée *corvus*, ou *corbeau*, qui, tombant sur un vaisseau ennemi, devait l'accrocher et servir de pont pour l'abordage.

Cette nouvelle invention eut les plus heureux résultats, et dans le premier essai qu'en fit Duilius, il battit les Carthaginois, leur fit un grand nombre de prisonniers, coula à fond trente galères, et en prit quatre-vingts.

7.

Cette éclatante victoire, due à leur marine, transporta les Romains; et Duilius pendant sa vie entière jouit des plus grands honneurs à Rome.

La création d'une marine fut pour les Romains le signal des plus brillans succès: dès ce moment, ils étendirent rapidement leurs conquêtes, et la Corse et la Sardaigne furent bientôt enlevées à l'ennemi.

255. — VICTOIRES ET DÉFAITES EN AFRIQUE. — Les consuls Manlius et Régulus ayant triomphé des deux amiraux carthaginois, Amilcar* et Hannon, cette victoire ouvrit aux Romains les portes de l'Afrique, où ils débarquèrent bientôt.

Leurs premiers pas furent des succès; Manlius, victorieux, retourna à Rome, conduisant à sa suite vingt mille captifs.

RÉGULUS, resté seul en Afrique, fit des prodiges de valeur, si l'on en croit les historiens; il gagna de nombreuses batailles, prit plusieurs villes, et parut enfin aux portes de Carthage.

A son approche, les Carthaginois effrayés demandent la paix; mais Régulus veut imposer des conditions révoltantes: on les rejette malgré la terreur générale: *Il faut savoir vaincre, ou se soumettre au vainqueur,* dit Régulus. La honte,

---

* Quelques historiens écrivent *Hamilcar, Hannibal,* et non Amilcar, Annibal. Pour nous conformer à l'usage habituel, nous conserverons l'orthographe ordinaire de ces noms.

le désespoir raniment le courage des vaincus ; les Lacédémoniens, auxquels ils s'adressent, leur envoient des troupes commandées par *Xantippe*, un de leurs meilleurs généraux. Sous la conduite de ce nouveau chef, les Carthaginois triomphent, et Régulus lui-même est fait prisonnier.

Les Romains tentèrent vainement de délivrer Régulus et de venger l'affront fait à leurs armes : deux expéditions nouvelles furent sans succès, et entraînèrent la perte d'un grand nombre de leurs vaisseaux.

MORT DE RÉGULUS. — Cependant les Carthaginois désiraient obtenir l'échange des prisonniers ; on décida que Régulus accompagnerait à Rome les ambassadeurs de Carthage, et on le rendit responsable du succès de la négociation.

Il partit, après avoir promis sous serment de revenir, en cas de refus, reprendre ses fers à Carthage.

Arrivé à Rome, Régulus vota contre l'échange proposé, et qui lui semblait contraire aux intérêts de sa patrie ; il reprit ensuite la route de Carthage, où l'attendait le supplice le plus affreux. L'illustre Romain sacrifia ainsi sa propre existence aux premiers devoirs d'un grand citoyen : l'accomplissement de sa promesse et le dévouement à son pays.

250, etc. — SIÈGE DE LILYBÉE en Sicile. — N'ayant pu réussir en Afrique, les Romains vinrent assiéger Lilybée, la plus forte place que les Carthaginois eussent en Sicile. Pendant neuf années que dura ce siége mémorable, les deux peuples y déployèrent toutes leurs ressources, et éprouvèrent tour à tour des revers et des succès. Enfin le consul *Claudius-Pulcher* ayant attaqué la flotte carthaginoise au port de *Drépane*, y perdit celle de Rome, qui fut détruite par Adherbal. La superstition eut, dit-on, quelque part à cette défaite. On raconte qu'avant la bataille, on vint dire à Claudius que les *poulets sacrés ne mangeaient point*, ce qui était un fâcheux présage. Le consul les fit jeter à la mer : *S'ils ne veulent pas manger, qu'ils boivent*, dit-il. C'en était assez pour abattre le courage d'un peuple ignorant et superstitieux.

241. — TRAITÉ AVEC LES CARTHAGINOIS. — La guerre, pendant ces dernières années, offrit peu d'avantage aux Romains ; mais une victoire éclatante et décisive fut enfin remportée par le consul Lutatius sur Amilcar - Barcas, père du grand Annibal. Les Carthaginois, réduits à demander la paix, ne l'obtinrent qu'à des conditions rigoureuses.

La Sicile (excepté le royaume de Syracuse) fut déclarée *province romaine :* on donnait ce nom aux pays conquis hors de l'Italie, et chaque année on y envoyait un *préteur* et un *questeur :* le premier pour juger les causes civiles ; le second pour percevoir les tributs.

Ainsi, après vingt-trois ans d'une lutte sanglante, Rome dicta des lois à cette opulente Carthage, dont les pertes, cependant, avaient été plus considérables que les siennes, et qui possédait en même temps des ressources bien plus étendues. Mais si d'un côté étaient la richesse et la puissance, de l'autre étaient le courage et le dévouement : les Romains devaient l'emporter.

236. — La destinée de Rome n'était pas de jouir d'une paix durable ; elle eut bientôt à réprimer une révolte des Falisques, et des incursions nouvelles de la part des Gaulois et des Liguriens. Cependant, les hostilités ayant cessé entièrement vers l'an 236, le *temple de Janus* fut fermé pour la première fois depuis Numa *. On ne tarda pas toutefois à le rouvrir, des guerres peu importantes, mais presque continuelles, étant venues de nouveau occuper les armes des Romains.

SECONDE GUERRE PUNIQUE.

218. — Cause de cette guerre. — Siége de Sagonte. — Le sénat carthaginois, impatient de rompre la paix que Rome lui avait en quelque sorte imposée, n'attendait qu'une occasion favorable pour recommencer la guerre ; lui-même la fit naître.

Il avait été convenu que Sagonte, ville considérable d'Espagne, et alliée des Romains, resterait libre et indépendante.

Au mépris de cette convention, le sénat cartha-

---

* On se rappelle que le temple de Janus était *ouvert* pendant la guerre, et *fermé* pendant la paix.

ginois envoie un de ses généraux pour assiéger la ville espagnole.

Ce général était Annibal, fils d'Amilcar-Barcas. On a dit de ce guerrier célèbre que son père l'avait élevé *pendant la guerre et pour la guerre.* Annibal, en effet, avait été nourri dans la haine du nom romain, auquel il devait être si redoutable.

Agé à peine de vingt-cinq ans, il possédait déjà toutes les qualités d'un politique habile et d'un général accompli. Sobre, vigilant, infatigable, endurci à tous les travaux, les soldats l'adoraient, parce qu'il était à la fois leur bienfaiteur et leur modèle.

En vertu des ordres du sénat, Annibal poursuivait avec activité le SIÉGE DE SAGONTE ; Rome, instruite de cette infraction au traité, envoie aussitôt des ambassadeurs à Carthage ; ils ne sont point écoutés : le siége continue ; enfin, après sept mois d'une héroïque résistance, les malheureux Sagontins, réduits aux dernières extrémités, et ne recevant point de secours des Romains, refusent néanmoins de se rendre. Ils réunissent sur un bûcher leurs richesses, leurs effets les plus précieux, et, après avoir incendié leur ville, ils se précipitent eux-mêmes au milieu des flammes. Sagonte, ou plutôt ses ruines, sont alors au pouvoir d'Annibal.

A cette nouvelle, Rome indignée envoie aussitôt une députation à Carthage : *J'apporte ici la paix ou la guerre,* dit Fabius, chef de l'ambassade, *choisissez.* — Choisissez vous-même, répond le président du sénat. — Eh bien, prenez donc la guerre, répliqua le Romain.

217. — EXPÉDITION D'ANNIBAL EN ITALIE. —

La guerre, en effet, est déclarée, des deux côtés on s'y prépare : les consuls *Sempronius* et *Publius Scipion* commandent l'armée romaine *.

Annibal marche à la tête des Carthaginois : jamais entreprise audacieuse ne fut concertée avec plus de prudence, avec plus de courage que la sienne. L'habile général quitte l'Espagne, et marche droit aux Pyrénées ; il traverse les montagnes, remonte le Rhône, franchit les Alpes, et

---

* A l'époque des guerres puniques, on voit figurer successivement plusieurs personnages célèbres portant le nom de *Scipion*. Afin de prévenir la confusion que cette similitude de nom pourrait occasionner, nous allons indiquer ici les *différens Scipions* qui s'illustrèrent à cette époque.

1º *Publius* et *Cnéus Scipion*, consuls dans la 2ᵉ guerre punique.

2º *Publius-Cornélius Scipion*, fils de Publius, fut surnommé *l'Africain* pour ses victoires en Afrique.

3º *Lucius-Cornélius Scipion*, frère de Publius Scipion, fut surnommé *l'Asiatique* pour ses victoires en Asie.

4º *Scipion Nasica*, fils de Cnéus, se rendit célèbre par son éloquence et son courage.

5º *Publius-Emilianus Scipion*, fut encore surnommé *l'Africain* pour ses exploits dans la 3ᵉ guerre punique. Il était fils de Paul-Émile, et avait été adopté par Scipion l'Africain. Ce *dernier Scipion* fut à la fois un guerrier illustre et un savant littérateur.

se précipite comme un torrent dans les fertiles contrées de l'Italie *.

Cette marche d'environ quatre cents lieues, à travers d'innombrables obstacles, doit être célébrée parmi les exploits des plus illustres conquérans.

A peine Annibal a-t-il donné quelque repos à ses troupes, qu'il veut se signaler de nouveau par des actions d'éclat. La prise de Turin en est le prélude. L'armée consulaire est battue près du *Tesin*, et bientôt après sur les bords de la *Trébia*.

Le consul Flaminius, loin de réparer ces deux échecs, expose l'armée entière par sa témérité; il est vaincu et tué près du lac *Trasimène*, et Annibal, pour la troisième fois, triomphe des Romains.

216. — BATAILLE DE CANNES. — Le sénat consterné nomme un dictateur pour remédier au mal s'il en est temps encore. *Quintus Fabius* est choisi.

N'espérant plus soumettre les Carthaginois par les armes, Fabius campe sur les hauteurs, évite les combats, et veut laisser l'ennemi se consumer faute de vivres. En vain on blâme sa prudence, il brave le mépris, et compte pour rien l'opinion au prix du devoir. L'envie parvient

---

* Indiquer sur la carte la marche que suivit Annibal de Carthagène à Capoue.

enfin à le rendre suspect, et après lui avoir fait partager le commandement avec Minucius, homme incapable, qui faillit perdre l'armée romaine, on l'en dépouilla entièrement pour le donner aux deux consuls, *Emilius* et *Terentius Varron*, qui devaient commander alternativement. La mésintelligence qui régnait entre les deux généraux était le présage d'un malheur certain.

En effet, Varron attaque les Carthaginois contre l'avis de son collègue; UNE GRANDE BATAILLE est livrée près de la ville de CANNES, en Apulie, et l'armée romaine est taillée en pièces. Le carnage fut si affreux que le héros carthaginois criait d'épargner les vaincus *.

Jamais victoire ne fut plus complète que celle que remporta Annibál sur les Romains; Emilius perdit la vie dans le combat avec quarante mille hommes environ de son armée, dont près de trois mille étaient chevaliers. Varron, qui avait pris la fuite, était parvenu à rallier dix mille hommes environ de ses troupes, faibles débris d'une puissante armée! Il revint à Rome, où la nouvelle de l'affreux désastre avait répandu la consternation et le désespoir. Les Romains, dans cette circonstance, firent éclater toute la grandeur, toute la magnanimité de leur caractère. A l'approche de Varron, le sénat marcha

---

* Pour donner aux Carthaginois l'idée de la perte immense de l'ennemi, on dit qu'Annibal envoya à Carthage *trois boisseaux d'anneaux d'or* enlevés aux chevaliers romains.

en corps à sa rencontre, et le remercia solennellement *de n'avoir pas désespéré du salut de la patrie.*

Cependant Annibal s'avançait à grands pas ; on s'attendait à le voir paraître à Rome, quand on apprend qu'il s'est dirigé vers Capoue, qui lui a ouvert ses portes. Les délices de cette ville devinrent pour lui un funeste écueil ; il y passa l'hiver au sein des plaisirs ; ses soldats, à l'exemple de leurs chefs, s'amollirent dans un lâche repos.

Le temps que perdaient les Carthaginois était mis à profit par les Romains ; tous à l'envi travaillaient à réparer leurs pertes, et bientôt Sempronius, à la tête d'une troupe d'esclaves, défit une armée carthaginoise. Annibal lui-même fut contraint de se retirer devant le consul Marcellus.

214. — SIÉGE ET PRISE DE SYRACUSE. — Les Syracusains avaient pris parti contre Rome ; MARCELLUS passa en Sicile, et vint assiéger Syracuse. *Archimède,* le plus grand géomètre de son siècle, retarda longtemps la prise de cette ville par l'effet prodigieux de ses machines, qui accablaient les Romains et submergeaient leurs vaisseaux.

Cependant, Marcellus ayant tenté l'assaut, se rendit maître de Syracuse. Un soldat avait tué Archimède sans le connaître ; le vainqueur déplora la perte de cet homme célèbre, dont il avait ordonné de respecter les jours.

Syracuse devint, avec le reste de la Sicile, une province romaine. Tandis que Marcellus s'immortalisait en Sicile, les deux Scipion, Publius et Cnéus, s'étaient signalés en Espagne et avaient repris Sagonte.

212. — SIÉGE DE CAPOUE. — Malgré les efforts des Romains, Annibal se maintenait toujours en Italie ; il venait même de s'emparer de Tarente, lorsque les Romains, profitant de son absence, vinrent assiéger Capoue.

Pour faire diversion à cette entreprise, Annibal veut à son tour assiéger Rome ; mais il échoue dans ce projet. Pendant ce temps, Capoue, réduite aux dernières extrémités, se soumet. Les habitans, punis d'avoir reçu Annibal, sont dispersés sur plusieurs points ; une colonie nouvelle les remplace.

Annibal, cependant, a bientôt repris l'avantage ; il obtient encore des succès sur les Romains. Marcellus, qui les commandait, donna dans une embuscade où il fut tué. On appelait Marcellus l'*Épée de Rome*, surnom digne de ses services. Annibal honora lui-même la mémoire de ce grand capitaine.

Asdrubal, frère d'Annibal, avait passé les Alpes pour venir renforcer l'armée carthaginoise. Arrêté dans sa marche, il fut complètement défait, et périt lui-même avec cinquante mille hommes, dit-on, de ses troupes.

— VICTOIRE DE SCIPION, surnommé depuis l'*Africain*. — L'armée romaine avait obtenu également des succès en Espagne ; cependant Publius

Scipion et son frère Cnéus, accablés par des forces supérieures, avaient péri l'un et l'autre. Mais le fils de Publius avait remplacé les deux frères dans le commandement. Nommé proconsul à l'âge de vingt-quatre ans, ses succès tiennent du prodige. Le plus important de tous fut la prise de Carthagène *. Cette ville, qui renfermait d'immenses richesses, fut emportée d'assaut en un seul jour; ce qui ajouta surtout à la gloire du vainqueur, ce fut l'exemple de vertu et de modération qu'il donna à son armée.

Une jeune captive l'avait ébloui par sa beauté. Il eût voulu ne s'en séparer jamais; mais ayant appris qu'elle était fiancée à un prince du pays, il la rendit à son époux. L'homme qui triomphe de ses passions n'est pas moins estimable que le guerrier victorieux sur un champ de bataille.

L'Espagne étant soumise, Scipion revint à Rome, qu'il trouva remplie d'admiration pour lui; on le nomma consul, et sous ce titre, il fut envoyé en Afrique pour continuer la guerre. S'étant concilié l'affection de Massinissa, roi de Numidie, Scipion trouve en lui un puissant allié, et bientôt une succession rapide d'éclatantes victoires le conduisent aux portes de Carthage.

203. — BATAILLE DE ZAMA. — Annibal, rappelé en Afrique, vole au secours de sa patrie; mais avant

---

* Voir la carte. — Carthagène, ou Carthage la neuve, en Espagne.

d'attaquer l'ennemi, il veut connaître la situation des armées, et envoie des espions, qui sont arrêtés et conduits au général romain. Scipion leur permet de tout examiner, et les congédie après leur avoir donné de l'argent.

Surpris de tant de générosité, Annibal demande une entrevue au guerrier illustre, qui lui semble dès lors bien plus redoutable; car la véritable force, comme la véritable grandeur, consiste dans les sentiments généreux, non moins que dans l'éclat des armes.

Annibal avait essuyé des pertes en Italie; sans espoir de vaincre en Afrique, il veut tenter les voies d'accommodement, mais le fier Romain rejette ses offres, et tout se dispose pour une grande bataille, où va se décider le sort des deux plus puissantes villes du monde.

On combat à ZAMA, et Scipion, secondé de *Lélius*, son ami, et de *Massinissa*, son allié, remporte sur les Carthaginois une éclatante victoire: l'ennemi fit des pertes immenses; Annibal, lui-même, n'échappa qu'avec peine au carnage.

Cet affreux désastre fut pour Carthage ce qu'avait été pour Rome la défaite de Cannes; la consternation fut au comble.

201. — TRAITÉ AVEC LES CARTHAGINOIS. — FIN DE LA 2e GUERRE PUNIQUE. — La paix était l'unique ressource des vaincus; le général romain en dicta les conditions; les plus rigoureuses pour les Carthaginois furent 1° l'obligation de livrer leurs vaisseaux de guerre, excepté dix; 2° l'engagement

de ne point faire la guerre sans le consentement de Rome, et de lui payer pendant l'espace de cinquante années un tribut de dix mille talents (trente millions environ de notre monnaie.).

Cinq cents vaisseaux carthaginois, livrés à Scipion, furent brûlés à la vue de Carthage. Cette puissance maritime se vit réduite ainsi à dix petites galères : tous les citoyens furent taxés pour payer un tribut honteux.

Ainsi se termina la 2ᵉ guerre punique, commencée avec tant de gloire pour les Carthaginois; elle avait duré 17 ans, de l'année 218 à 200.

Annibal, forcé de souscrire à l'abaissement de sa patrie, s'éloigna de Carthage, et se retira à la cour d'Antiochus, roi de Syrie.

200. — TRIOMPHE DE SCIPION L'AFRICAIN. — Scipion revint à Rome, où son triomphe fut magnifique. Le peuple, que ses exploits avait rempli d'enthousiasme, lui décerna unanimement le surnom d'*Africain*; récompense glorieuse digne de celui qui l'obtenait.

Evénemens étrangers correspondant à cette époque.

(3ᵉ SIÈCLE.)

GRÈCE. — 284. — Ligue des Achéens. *Aratus* et *Philopémen*, derniers héros de la Grèce.

Idem. — 279. — Irruption des Gaulois dans la Grèce et en Macédoine.

EXERCICES

SUR LE 3ᵉ SIÈCLE.

290. — GUERRE SAMNITE. — En quelle année se termina la guerre des Samnites? — Comment fut traité à Rome Pontius, leur général? — Combien avait duré cette guerre?

280. — GUERRE DE PYRRHUS. — Qu'était-ce que Pyrrhus? — D'où était-il roi? — Quelle fut la cause de la guerre de Pyrrhus contre les Romains? — En quelle année commença-t-elle? — Quel en fut l'événement principal? — Quelle fut l'action généreuse de Fabricius? — Que disait de lui Pyrrhus?

269. — A quelle époque a-t-on commencé à battre de la monnaie d'argent à Rome?

264, etc. — GUERRES PUNIQUES. — En quelle année ont commencé les guerres puniques ou carthaginoises? — Où était située Carthage? — Quel était son gouvernement? — Quelle était la principale occupation des Carthaginois?

Combien y a-t-il eu de guerres puniques? — Quelle fut la cause de la première? — Quel général commandait alors les Romains? — Quels étaient les généraux de Carthage? — Quel fut le créateur de la marine romaine? — Quelle machine inventa Duilius? — Que fit Régulus en Afrique? — Quelle fut sa conduite à Rome? — Pourquoi revint-il à Carthage? — Que doit-on admirer le plus en lui de sa victoire ou de son exactitude à remplir ses promesses aux dépens de sa vie?

250. — Quelle ville fut assiégée en Sicile? — Par qui fut détruite la flotte romaine?

241. — En quelle année se termina la première guerre punique? — Combien avait-elle duré?

218. — A quelle époque commença la deuxième guerre punique? — Quelle en fut la cause? — Quel fut le plus célèbre général des Carthaginois, et le plus grand capitaine de son siècle? — Dans quel pays Annibal porta-t-il la guerre? — Indiquez sur la carte la marche que suivit Annibal, de Carthagène à Capoue.

216. — Quelle grande bataille fut perdue par les Romains et gagnée par Annibal? — Dans quel pays? — Que fit Annibal après sa victoire?

214. — En quelle année eut lieu le siége de Syracuse? — Par qui fut-il dirigé du côté des Romains? — Quel personnage célèbre périt au siége de cette ville?

210. — Quel général romain s'empara de Carthagène? — En quelle année fut livrée la grande bataille de Zama en Afrique? — Par qui fut-elle gagnée? — Comment fut surnommé Scipion? — Que devint Annibal vaincu et fugitif?

201. — En quelle année finit la deuxième guerre punique? — Quelles furent les principales conditions du traité? — Quels furent les deux guerriers les plus illustres de cette époque?

TABLEAU SÉCULAIRE

DE L'HISTOIRE ROMAINE.

Suite de la 2ᵉ époque. — (RÉPUBLIQUE.)

2ᵉ SIÈCLE.

ANS de Rome.	ANNÉES av. J.-C.	FAITS PRINCIPAUX.	PERSONNAGES célèbres.
554.	200.	Guerre contre Philippe, roi de Macédoine........	Flaminius, consul.
560.	194.	Conquête de l'Espagne citérieure..	Caton le Censeur.
562.	192.	Guerre d'Antiochus, roi de Syrie...................	Scipion l'Asiatique.
585.	169.	Guerre de Persée, roi de Macédoine.	Paul-Émile.
605.	149.	3ᵉ GUERRE PUNIQUE........	Scipion Émilien.
608.	146.	Carthage détruite.	
608.	146.	Soumission de la Grèce......	Métellus, consul.
609.	145.	Destruction de Corinthe...... Guerre Numantine.	Mummius, consul.
621.	133.	Prise et destruction de Numance.	
621.	133.	Révolte des Gracques........	Tibérius et Caïus Gracchus. Cornélie, leur mère.
643.	125.	Guerre contre Jugurtha, roi de Numidie.	Métellus, consul. Marius, tribun.
649.	105.	Invasion des Cimbres et des Teutons, peuples barbares.	

SUITE DE LA DEUXIÈME ÉPOQUE.

LA RÉPUBLIQUE.
2ᵉ SIÈCLE AVANT J.-C.

200. — GUERRE CONTRE PHILIPPE, ROI DE MACÉDOINE. — Les derniers succès des Romains, loin de satisfaire leur ambition, n'avaient fait qu'exciter en eux la passion des conquêtes. Impatiens de former de nouvelles entreprises, ils saisirent le premier prétexte pour reprendre les armes.

Divers sujets de mécontentement existaient contre Philippe, roi de Macédoine*. Ce prince avait porté secours aux Carthaginois, et depuis il avait inquiété les Grecs, alliés de la république ; les Grecs s'étaient plaints à Rome, une armée consulaire marcha aussitôt contre lui.

Le succès ne fut pas un instant douteux : le consul FLAMINIUS remporta sur Philippe une victoire décisive près des Cynocéphales, en Thessalie ; une paix avantageuse termina la guerre.

194. — CATON, nommé proconsul, fit la con-

---

* On ne doit pas confondre ce roi de Macédoine avec le père d'Alexandre, qui portait le même nom.

Philippe, père d'Alexandre, régnait en 360, et ce dernier *Philippe* en 200 avant J.-C.

quête de l'Espagne citérieure. A son retour, il reçut à Rome les honneurs du triomphe.

190. — Guerre d'Antiochus. — Annibal, ainsi que nous l'avons vu, s'était retiré à la cour d'Antiochus, roi de Syrie; ne respirant que la vengeance, il excita de prince à porter la guerre en Italie. D'abord Antiochus ravagea la Grèce; c'était déjà une offense aux Romains, qui prirent aussitôt les armes.

Dirigés par Lucius-Cornélius Scipion, frère de l'*Africain*, ils poursuivent Antiochus, qui était rentré en Asie : là, malgré la supériorité du nombre, le monarque fut complètement défait près de Magnésie. C'était la première fois que les Romains portaient la guerre en Asie.

Lucius-Cornélius Scipion, auquel était dû un si brillant succès, reçut en récompense lé surnom d'*Asiatique*.

Poursuites contre les deux Scipion. — C'est à dater de la guerre d'Asie que les mœurs simples et austères des Romains commencèrent à s'altérer. Ils rapportèrent dans leur patrie le luxe asiatique et le goût des plaisirs frivoles. Le sévère *Caton*, personnage consulaire, tenta vainement d'arrêter les progrès du mal; sa rigidité eût produit peut-être plus d'effet si elle n'eût été excitée par des haines personnelles. Il poursuivit avec acharnement les deux Scipion : l'*Africain* essuya les premiers coups; deux tribuns, suscités par Caton, accusent ce grand homme de s'être laissé corrompre par l'or d'Antiochus; mais, dédaignant de se justifier, Scipion comparaît, déchire ses comptes, et s'adressant au peuple : *Romains*, dit-il, *c'est à pareil jour que j'ai vaincu en Afrique Annibal et les Carthaginois; suivez-moi au Capitole pour rendre grâce aux dieux.* Ces mots excitent l'enthousiasme, l'accusation est oubliée*.

Plus tard, Scipion fut accusé de nouveau. Lassé de tant d'injustice et d'ingratitude, il se retira en Campanie, où, dans une retraite obscure, il termina ses jours à l'âge de 47 ans.

Ce grand homme possédait un mérite inconnu jusqu'alors dans sa patrie, celui de réunir aux qualités d'un héros le goût de l'urbanité et des lettres. On doit le regarder comme le premier modèle qui ait perfectionné les Romains.

Scipion l'Asiatique, accusé comme son frère, trouva sa justification dans sa pauvreté; ses biens ayant été vendus, ils ne suffirent pas pour acquitter l'amende à laquelle il avait été condamné.

L'aristocratie, toutefois, avait reçu un coup terrible dans la poursuite dirigée contre les Scipion, et malgré les efforts des nobles, Caton fut bientôt élevé à la censure.

169. — GUERRE DE PERSÉE. — Les Romains trouvèrent bientôt un ennemi redoutable dans *Persée*, roi de Macédoine, fils et successeur de Philippe.

---

* On a souvent admiré le trait de Scipion comme témoignant qu'il était fort de sa conscience; mais ce motif n'était pas suffisant, toutefois, pour braver les lois et laisser planer sur sa conduite un inévitable soupçon.

Ce prince eut d'abord des succès, mais la quatrième année de la guerre, il fut complètement défait par *Paul-Émile*, qui, après avoir anéanti son armée, le força à se livrer lui-même aux Romains. Le roi captif orna le triomphe du vainqueur, et Paul-Émile fut récompensé de nouveau par le surnom de *Macédonique*.

Rome, dès ce moment, vit des rois puissants rechercher non-seulement son alliance, mais sa protection.

Nous devons faire ici une remarque importante sur les relations qui, depuis les dernières guerres s'étaient établies entre la Grèce et Rome.

Dès les temps les plus reculés, Rome avait eu des rapports avec la Grèce, dont elle prétendait même tirer son origine ; mais depuis la guerre de Pyrrhus, ces relations étaient devenues de plus en plus fréquentes. On observa alors qu'à mesure que Rome étendait sa prépondérance sur la Grèce par sa politique et par ses armes, la Grèce étendait sur Rome l'*empire des idées*, si l'on peut s'exprimer ainsi ; les dieux et les héros de la Grèce remplacèrent les dieux et les héros de l'Italie, et bientôt nous verrons la Grèce asservie dicter encore aux Romains les règles du goût dans la littérature et dans les arts.

TROISIÈME GUERRE PUNIQUE.
(DE 149 à 146.)

Cinquante-quatre ans s'étaient écoulés depuis la fin de la seconde guerre punique ; mais, malgré cette paix apparente, les deux républiques n'avaient pas cessé d'être rivales; Carthage, quoique bien déchue de son ancienne splendeur, portait encore ombrage aux Romains, qui n'attendaient qu'un prétexte pour recommencer la guerre. Il se présenta bientôt, on le saisit avec empressement.

Le vieux Massinissa, roi de Numidie et allié des Romains, avait usurpé des terres sur les domaines de Carthage. Cette république lui déclara la guerre. Vainqueur des Carthaginois, Massinissa usa du triomphe en barbare. Les Romains, qui étaient intervenus dans la guerre comme conciliateurs, profitèrent du moment où Carthage était affaiblie par ses défaites pour l'attaquer à leur tour; politique odieuse et indigne d'un grand peuple.

Les Carthaginois effrayés offrent de se reconnaître sujets de Rome. Mais pour gage de leur sincérité, on leur demande des otages et on exige en outre qu'ils remettent les armes qui se trouvent à Carthage. Ils représentent en vain qu'étant environnés d'ennemis, ces armes sont nécessaires à leur sûreté. *Rome se charge de vous défendre*, répondent les consuls, *obeissez*.

Mais à peine les Carthaginois se sont-ils dépouillés de leurs armes, qu'on leur déclare que Carthage doit être détruite et qu'ils aient à en sortir. Ce coup foudroyant, loin de les atterrer, ranime leur courage; on fabrique à la hâte des armes nouvelles, l'or et l'argent suppléent au fer, et tout se dispose enfin pour une vigoureuse résistance.

Les Romains livrent l'assaut, ils sont repoussés, et leur flotte est réduite en cendre. Asdrubal, général carthaginois, aurait taillé en pièces l'armée consulaire, si elle n'avait eu pour défenseur *Scipion-Emilien*, fils de Paul-Émile, et petit-fils par adoption de Scipion l'Africain.

146. — DESTRUCTION DE CARTHAGE. — Depuis trois ans, Carthage, assiégée, opposait aux Romains une héroïque résistance ; elle succomba enfin : au moyen d'une fausse attaque, les Romains pénètrent dans la ville, qui bientôt est embrasée et livrée au pillage. Tout ce qui résiste est passé au fil de l'épée. Cette grande cité fut entièrement détruite par le feu, tel était l'ordre du sénat. Cet horrible incendie dura dix-sept jours.

Au milieu de ce désastre, Asdrubal vient lâchement demander la vie ; sa femme, plus courageuse, l'accable de reproches, poignarde ses enfans, et se précipite dans les flammes.

On dit que Scipion n'avait obéi qu'à regret aux ordres du sénat ; comment, en effet, eût-il recherché pour lui-même une gloire souillée de tant d'injustices et de barbarie ? Un triomphe magnifique et le surnom de *jeune Africain*, couronnèrent toutefois l'expédition du proconsul.

Ainsi fut détruit ce brillant empire de Carthage, qui avait eu sept cents ans de durée depuis sa fondation ; après la chute de sa capitale, il forma une province romaine sous le nom de *Numidie*.

146. — SOUMISSION DE LA GRÈCE ET DE LA MA-

CÉDOINE. — Trois aventuriers, se disant fils de Persée, avait successivement entrepris la conquête du royaume de Macédoine ; ils furent bientôt soumis par les Romains, qui firent de ce pays une *province romaine.*

Le consul *Métellus*, qui avait dirigé cette dernière expédition, tourna ensuite ses armes contre les Grecs, dont il avait préparé l'asservissement en cherchant à les diviser. Les Achéens, derniers et courageux défenseurs de la liberté de leur patrie, tentèrent vainement de s'opposer aux efforts des Romains ; une dernière bataille fut livrée par Métellus, Rome triompha, la Grèce fut vaincue et asservie.

Le consul *Mummius* termina la guerre par la prise de Corinthe, ville célèbre, et l'une des plus florissantes de l'Europe. Corinthe était ornée des statues de Phidias et des tableaux d'Apelles ; en un mot, de tous les chefs-d'œuvre de l'art. Rome s'enrichit de ces précieuses dépouilles, mais sans savoir les apprécier. On raconte que le vainqueur stupide, voyant le roi de Pergame offrir cent talens d'un tableau, en témoigna sa surprise : *Il faut,* dit-il, *qu'il y ait quelques vertus magiques dans cette toile,* et il se hâta de l'envoyer à Rome. Il dit aux entrepreneurs chargés de transporter en Italie les chefs-d'œuvre de la Grèce : *Ayez soin de ne pas les gâter, car vous seriez condamnés à les refaire.*

Après avoir dépouillé cette ville opulente de tout ce qu'elle possédait de précieux, on la réduisit en cendres. Ainsi, au même moment où Carthage périssait dans les flammes, Corinthe éprouvait le même sort, et la puissance de Rome allait s'accroître des débris fumans de ces deux grandes cités.

Après la chute de Corinthe, la GRÈCE ET LA MACÉDOINE FURENT RÉDUITES EN PROVINCES ROMAINES, sous le nom d'ACHAÏE.

De 145 à 133. — GUERRE NUMANTINE. — L'Espagne par ses mines d'or et d'argent, attirait sans cesse les Romains. Repoussés d'abord par Viriate, roi de Lusitanie, ils vinrent ensuite assiéger *Numance*; mais leurs généraux, *Pompée* et *Mancinius*, échouèrent dans cette entreprise.

Scipion Emilien, le vainqueur ou plutôt le destructeur de Carthage, fut envoyé à son tour pour soumettre les Numantins. Réduits à une horrible famine, les assiégés se donnèrent la mort plu ôt que de se rendre. Le vainqueur, sans pitié, détruisit Numance, qui fut brûlée et rasée de fond en comble, quatorze ans après la ruine de Carthage.

134. — LES GRACQUES. — Rome, victorieuse au dehors, n'en était pas moins agitée à l'intérieur par des troubles continuels. La classe pauvre se plaignait hautement de n'avoir aucune part aux riches dépouilles des peuples vaincus.

Tibérius et *Caïus Gracchus*, fils de l'illustre *Cornélie*, se déclarèrent pour le peuple.

Tibérius, malgré l'opposition des patriciens, obtint le rétablissement de la loi *Licinia* ou loi agraire, qui contraignait les plus riches citoyens à ne pas posséder au delà de cinq cents arpens de terre.

Tibérius périt victime de son dévouement aux intérêts du peuple, il tomba sous les coups du parti aristocratique. Caïus, le plus jeune des Gracques, tenta vainement de renouveler l'entreprise dans laquelle son frère avait échoué ; après avoir obtenu quelques améliorations dans le sort des plébéiens, il perdit la vie dans une émeute excitée par le consul Opimius, son ennemi mortel. Trois cents de ses partisans succombèrent avec lui : le barbare consul fit jeter ces cadavres dans le Tibre, et après avoir inondé la ville de sang il éleva un temple à la *Concorde*.

Cornélie, la mère des Gracques, avait toujours regardé ses fils comme son unique trésor. Elle soutint leur perte avec une constance admirable, puisant son courage dans ses hautes vertus et dans les ressources d'un esprit supérieur. Cette femme célèbre vécut dans la société des savants, et fut honorée par tout ce qu'il y avait à Rome d'hommes respectables et distingués.

De 111 à 106. — GUERRE DE JUGURTHA, ROI DE NUMIDIE. — Les mœurs étaient dégénérées, l'esprit national ni les sentiments d'honneur n'existaient plus, et la soif des richesses les avait remplacés. Nous en verrons une preuve nouvelle dans la guerre de Jugurtha.

Adherbal et Hiempsal, petits-fils de Massinissa, roi numide, avaient été assassinés par Jugurtha, fils adoptif de leur père. Jugurtha s'était emparé ensuite du royaume de Numidie. Les Romains, amis et alliés des jeunes princes, ne pouvaient laisser un tel forfait impuni ; ils déclarent la guerre à Jugurtha. Le consul Calpurnius est envoyé en Afrique pour combattre ce nouvel ennemi ; il se laisse corrompre par l'or du fratricide, et lui *vend* une paix toute à son avantage. Le sénat refuse de l'approuver, et le peuple fait éclater son indignation. Jugurtha, accusé par le tribun Memmius, est sommé de comparaître ; il se rend à Rome, gagne un tribun du peuple, et rend nulle l'accusation de Memmius. Il fait ensuite impunément assassiner un de ses proches parens qui demandait sa couronne. Après avoir payé de son or l'impunité de son crime, il partit en s'écriant : *O ville vénale, tu périrais bientôt si tu trouvais quelqu'un pour t'acheter !*

La guerre s'étant rallumée, Jugurtha fit passer sous le joug l'armée romaine, que commandait alors Aulus Posthumius, lâche et imprudent général. Métellus, qu'on envoya pour venger cet affront, triompha dans plusieurs batailles ; il espérait soumettre Jugurtha, lorsque le commandement lui fut enlevé et donné à son lieutenant, le célèbre Marius, qui déjà s'était fait remarquer au siége de Numance par ses talens et son courage.

Plébéien de naissance obscure, Marius s'était élevé en peu de temps aux premières dignités militaires ; c'était un de ces hommes ardens que rien ne saurait détourner de la fin qu'ils se proposent, capables, en un seul mot, de faire beaucoup de bien ou beaucoup de mal à leur patrie.

Le nouveau général défit Jugurtha, et la trahison termina cette guerre que la trahison avait commencée. Jugurtha fut livré aux Romains par Bocchus, roi de Mauritanie, son gendre et son allié, que Sylla, questeur de Marius, était parvenu à gagner. Ainsi le perfide Numide vit tourner contre lui-même l'arme qu'il avait si souvent employée : la corruption. Il fut conduit à Rome, chargé de chaînes et orna le triomphe de Marius.

La Numidie fut partagée entre Bocchus et deux princes descendans de Massinissa (Hiempsal et Hiarbal). La possession des richesses immenses laissées par Jugurtha fut pour les Romains le résultat de cette guerre, qui avait duré sept ans.

105. — INVASION DES CIMBRES ET DES TEUTONS. — Ces peuples barbares, sortis du nord de l'Europe, s'étaient répandus comme un torrent dans la Gaule, et menaçaient d'envahir l'Italie. Depuis l'année 115 qu'avaient commencé leurs excursions, Rome avait tenté vainement de les repousser ; cinq consuls avaient été battus successivement, et Marius parut seul capable de réparer cet échec. Bientôt, en effet, il remporta une éclatante victoire sur les Teutons, dont l'armée fut taillée en pièces dans les environs d'Aix, en Provence.

L'année suivante, Marius battit les Cimbres [*] près de Milan, et leur causa, dit-on, une perte de

---

[*] Les Cimbres, ou *Cimériens*, habitaient la *Chersonèse cimbrique*, aujourd'hui le Danemarck, dans le nord de l'Europe, sur les bords de la mer Baltique. (Voyez la carte.)

cent quatre-vingt mille hommes tués ou prisonniers.

La *guerre cimbrique* fut ainsi terminée, après avoir duré cinq ans.

Marius revint triomphant à Rome, où le peuple le nomma son sauveur; il fut élu consul pour la cinquième fois.

A peine cette guerre était-elle terminée, que Rome fut troublée de nouveau par la jalousie que nourrissaient l'un contre l'autre Marius et Métellus, ou plutôt le peuple et le sénat.

Le tribun Saturnius, étroitement lié avec Marius, avait proposé une nouvelle loi agraire. Métellus, qui s'opposait à ce projet, fut exilé; mais Saturnius ayant été massacré dans une sédition, on rappela Métellus, et la tranquillité se rétablit.

Événemens étrangers correspondant à cette époque.

(2ᵉ siècle.)

GRÈCE. — 146. — Prise et destruction de la ville de Corinthe. — LA GRÈCE ET LA MACÉDOINE sont réduites en provinces romaines, sous le nom d'ACHAÏE.

CARTHAGE. — 146. — Prise et destruction de la ville de Carthage, réduite en province romaine sous le nom de Numidie.

Observation.

A dater de l'année 146, la Grèce et la république de Carthage, devenues *provinces romaines*, ne forment plus avec Rome qu'un seul et même empire.

Voir le *tableau comparé* placé à la fin de la deuxième époque. Les trois colonnes pour *Rome*, la *Grèce* et *Carthage*, n'en forment plus qu'une seule, afin d'indiquer la réunion des *trois peuples*, après la conquête des Romains.

EXERCICES

SUR LE 2ᵉ SIÈCLE.

200. — GUERRE CONTRE PHILIPPE. — En quelle année commença la guerre contre Philippe, roi de Macédoine? — Quelle en fut la cause? — Comment se termina-t-elle?

194. — Quel personnage fit la conquête de l'Espagne citérieure?

190. — GUERRE D'ANTIOCHUS. — En quelle année eut lieu la guerre d'Antiochus? — Quelle en fut l'issue ou la fin? — Quel général triompha d'Antiochus? — Comment fut surnommé le frère de Scipion l'Africain? — De quoi fut-il accusé? — Comment se justifia-t-il? — Quel personnage cherchait à perdre les deux Scipion? — Quelle fut l'influence de la guerre d'Asie sur les mœurs des Romains?

169. — GUERRE DE PERSÉE. — De qui Persée était-il fils? — Par qui fut-il vaincu?

149. — TROISIÈME GUERRE PUNIQUE. — Combien de temps s'était écoulé depuis la seconde guerre punique? — Quelle fut la cause de cette guerre nouvelle? — La conduite des Romains envers les Carthaginois fut-elle loyale et généreuse?

Qu'est-ce qui ranima le courage des Carthaginois?

— Que fit Scipion Émilien? — Comment s'empara-t-il de Carthage? — Combien de siècles avait duré cette république célèbre?

146. — ASSERVISSEMENT DE LA GRÈCE. — En quelle année la Grèce fut-elle soumise? — Par quel consul? — Quel nom prit-elle alors comme province romaine? — Par qui la ville de Corinthe fut-elle détruite?

133. — GUERRE NUMANTINE. — En quelle année fut prise et détruite la ville de Numance? — Que firent les habitans?

133. — RÉVOLTE DES GRACQUES. — De qui étaient-ils fils? — Quelle entreprise formèrent-ils? — Dans quel but? — Quel fut le résultat de leur révolte?

111. — GUERRE DE JUGURTHA. — En quelle année eut lieu la guerre de Jugurtha? — Qu'était-ce que Jugurtha? — Comment s'était-il emparé du royaume de Numidie? — Par qui fut-il défait? — Par qui fut-il livré aux Romains?

105. — INVASION DES CIMBRES ET DES TEUTONS. — Qu'étaient-ce que ces peuples? — D'où venaient-ils? — Quels généraux leur furent opposés? — Combien dura la guerre cimbrique?

OBSERVATIONS GÉNÉRALES.

ÉTUDE ABRÉGÉE DE L'HISTOIRE ROMAINE

Pendant les 5e, 4e, 3e et 2e siècles avant J.-C. *

Armées. — Les Romains, ainsi que nous l'avons vu, combattirent longtemps sans connaître l'art de la guerre. Pendant plusieurs siècles leurs progrès en ce genre furent peu sensibles; les armées ne furent réellement organisées et fortes qu'après l'établissement des troupes soudoyées, vers l'an 407.

Jusqu'à cette époque, les Romains n'avaient fait la guerre qu'aux peuples d'Italie; mais devenus capables de former de grandes entreprises, ils franchirent bientôt les limites de leur pays.

La discipline militaire s'était maintenue dans toute sa rigueur; mais la crainte de la honte et de l'infamie devint bientôt plus efficace que les peines afflictives; l'honneur fut longtemps le premier mobile des Romains. Quand l'amour des richesses l'emporta sur l'amour de la gloire, ce fut le signal d'une prompte décadence.

Les Romains suppléèrent souvent, par une habile politique, à la force qui manquait à leurs armées; ils cherchaient à répandre la division chez les peuples qu'ils voulaient subjuguer, et y parvenaient plus facilement ensuite.

Marine. — Jusqu'à l'époque des guerres puniques les Romains n'eurent point de marine; mais ils se vi-

---

* On n'a pas cru devoir placer ces observations à la fin de la deuxième époque, qui comprend encore un siècle environ, ce dernier siècle, où vécurent César et Auguste, formant à lui seul une époque mémorable qui ne doit pas être confondue avec les temps qui ont précédé.

rent forcés d'en créer une pour soutenir la lutte contre leur dangereuse rivale, qui, depuis longtemps déjà, avait acquis l'empire des mers.

Le consul Duilius doit être considéré comme le véritable fondateur de la marine romaine.

FINANCES. — Les citoyens avaient longtemps payé un tribut proportionné à leur fortune; mais la défaite de Persée ayant rapporté d'immenses richesses au trésor public, depuis cette époque jusqu'à la mort de César, les citoyens furent exempts de toute espèce de tribut.

Les impôts sur les peuples d'Italie et sur les provinces que Rome avait conquises au dehors, formaient en outre le revenu de l'état.

SCIENCES ET ARTS. — Excepté l'art militaire, tous les autres étaient resté dans une espèce d'enfance; des guerres continuelles ne laissaient pas aux Romains le temps nécessaire pour se livrer à la culture des beaux-arts.

La distinction des deux ordres patricien et plébéien doit être considérée encore comme une des causes principales de cette stagnation, par les troubles qu'elle excita sans cesse. Une mésintelligence et un malaise général devaient arrêter les progrès en tous genres.

Près de cinq cents ans s'étaient écoulés sans que l'on eût aucune mesure du temps : au quatrième siècle, le consul Valérius apporta de Sicile un cadran solaire. Cent ans après, vers la fin du troisième siècle, Scipion Nasica fit connaître le *clepsydre* qui servait à mesurer les heures du jour et de la nuit.

Depuis plusieurs siècles la médecine consistait en recettes de familles, lorsqu'un Grec, nommé *Archagate*, vint exercer cet art et celui de la chirurgie au siége de Sagonte.

La LITTÉRATURE n'était pas cultivée avec plus de succès que les arts. *Ennius*, le premier poète connu des Romains, vivait au temps des guerres puniques. Il écrivit l'histoire romaine en vers, ou plutôt en prose mesurée : c'est le premier rayon du génie qui devait produire à Rome tant de chefs-d'œuvre.

C'est à l'influence des Grecs, c'est après que des relations se furent établies entre les deux peuples, vers le troisième siècle, que Rome s'éclaira et que son goût se polit. Ses progrès, dès ce moment, furent rapides, et tous les talens prirent l'essor. *Plaute* et *Térence*, poëtes dramatiques, tirèrent le théâtre de la barbarie. — L'historien grec *Polybe* accompagna Scipion en Afrique, et écrivit l'histoire de cette expédition. Enfin, l'amour des lettres, quoiqu'à son aurore, brillait déjà de quelque éclat, et dissipait chaque jour les ténèbres profondes dans lesquelles Rome était restée si longtemps plongée.

Mais comme si l'on eût redouté les lumières nouvelles, on se déchaîna contre les Grecs qui les avaient apportées, et l'on obtint un décret de bannissement contre les rhéteurs et les philosophes qui avaient opéré une révolution dans les esprits.

C'est ainsi que dans tous les temps il a fallu lutter pour faire adopter aux hommes une instruction utile à leur bonheur autant qu'à leurs intérêts.

AMÉLIORATION DANS LE SORT DU PEUPLE.

Continuellement en butte aux entreprises des patriciens, les plébéiens obtinrent cependant la création de divers magistrats pris dans leur sein, tels que *tribuns, édiles, sénateurs,* etc.

Les soldats avaient fait longtemps la guerre à leurs frais, ce qui les forçait de contracter des dettes et de se voir exposés aux persécutions d'impitoyables créanciers. L'établissement des troupes soudoyées fut donc encore pour le peuple, comme pour le reste de la nation, une amélioration véritable.

TABLEAU SÉCULAIRE
DE L'HISTOIRE ROMAINE.

Suite et fin de la 2ᵉ époque. — (RÉPUBLIQUE.)

DERNIER SIÈCLE AV. J.-C. JUSQU'A L'ANNÉE 28.

ANS de Rome.	ANNÉES av. J.-C.	FAITS PRINCIPAUX.	PERSONNAGES célèbres.
636.	91.	Guerre sociale ou des alliés.	
666.	88 etc.	Guerre de Mithridate, roi de Pont.	
667.	87.	Guerre civile. — Proscriptions...	Marius, Sylla.
672.	82.	Sylla, dictateur perpétuel.	
678.	76.	Guerre d'Espagne.	Sertorius.
681.	73.	Guerre des esclaves	Spartacus.
689.	65.	Conjuration de Catilina........	Cicéron, orateur.
694.	60.	Commencement de CÉSAR....... — 1ᵉʳ TRIUMVIRAT..........	CÉSAR, Pompée, Crassus, triumvirs.
696.	58 etc.	Conquête des Gaules par Jules-César.	
705 etc.	49.	Rivalité de César et Pompée. — Bataille de Pharsale. — Victoires de César en Asie, en Afrique, etc.	
709.	44.	CÉSAR, EMPEREUR............	Caton d'Utique.
710.	44.	Mort de César.	
711.	43.	Commencement d'OCTAVE. — 2ᵉ TRIUMVIRAT.........	OCTAVE, Antoine, Lépide, triumvirs.
723.	31.	Bataille d'Actium.	
727.	28.	Fin de la république.	

SUITE DE LA DEUXIÈME ÉPOQUE.

LA RÉPUBLIQUE.

DERNIER SIÈCLE AVANT J.-C.

99. — GUERRE SOCIALE OU GUERRE DES ALLIÉS. — Les alliés depuis longtemps désiraient obtenir le droit de bourgeoisie, c'est-à-dire le titre de citoyens romains ; le consul Drusus avait favorisé ce projet ; mais il mourut, et les alliés, perdant avec lui l'espoir de réussir, réclamèrent leur droit les armes à la main.

Les Marses, les Samnites tenaient parmi eux le premier rang ; d'autant plus redoutables, qu'ils s'étaient instruits à l'école des Romains, ils combattirent, et souvent avec avantage, contre leurs meilleurs généraux, *Marius*, *Sylla* et *Pompée*. Après une lutte de cinq années, la guerre sociale se termina presque d'elle-même, Rome ayant accordé politiquement le *droit de citoyen* à ceux des alliés qui lui étaient restés fidèles ; elle accorda le même droit aux autres à mesure qu'ils firent leurs soumissions.

88. — COMMENCEMENT DE LA GUERRE DE MITHRIDATE. — GUERRE CIVILE DE MARIUS ET SYLLA.

Sylla avait éclipsé Marius dans la guerre sociale ; il devint consul, et fut chargé de la guerre contre MITHRIDATE, roi de Pont, l'un des plus redoutables ennemis de Rome.

Marius, envieux des succès de Sylla, voulait pour lui-même le commandement de l'armée, et secondé par Sulpicius, tribun du peuple, il fut nommé en remplacement de Sylla, qui déjà se dirigeait sur l'Asie.

A cette nouvelle, Sylla furieux, marche droit à Rome; il y entre l'épée à la main, menaçant de mettre le feu si on lui oppose la moindre résistance : il obtient du sénat la révocation et la proscription de Marius; le tribun Sulpicius est mis à mort, sa tête est portée en triomphe, et Rome est remplie de terreur.

Marius poursuivi se réfugia d'abord dans les marais de Minturne, et de là en Afrique. Le préteur ou le commandant de cette province lui ayant donné l'ordre d'en sortir : *Va dire à ton maître*, répondit-il, *que tu as vu Marius fugitif, assis sur les ruines de Carthage.* Exemple frappant, en effet, de l'instabilité de la fortune !

Satisfait d'avoir perdu son rival, Sylla était parti pour s'opposer au roi de Pont. Après avoir repris sur lui Athènes et une partie de la Grèce, il remporta une victoire complète à *Orchomène**. Sylla passa ensuite en Asie, où il trouva Mithridate, qui, découragé par ses revers, demanda la paix. Impatient de retourner à Rome, Sylla fut moins exigeant, et bientôt la paix fut conclue.

---

* Ville de la Grèce, en Béotie.

Cette guerre, toutefois, ne fut que suspendue, nous la verrons se rallumer de nouveau.

84. — **PROSCRIPTIONS DE MARIUS.** — **SUITE DE LA GUERRE CIVILE.** — Tandis que le général romain triomphait de Mithridate, Marius, secondé par le consul Cinna, revenait en Italie. Rome refusant de le recevoir, il s'en empara de vive force, et rien ne peut égaler l'horreur de ce triomphe. Dès lors commença une suite de massacres, de proscriptions, tels, dit un historien, que *rien jamais n'eût paru plus déplorable que la victoire de Marius, si elle n'eût été suivie de la victoire de Sylla.*

Sylla s'avançait vers Rome à la tête d'une armée peu nombreuse, mais dévouée. Marius, pendant ce temps, avait cessé de vivre, et son fils l'avait remplacé au consulat. Le jeune Marius tenta vainement de s'opposer au cruel ennemi de son père. Après une sanglante victoire, Sylla entra dans Rome.

82. — **PROSCRIPTIONS DE SYLLA.** — Impatient d'assouvir ses barbares vengeances, il fit égorger impitoyablement six mille prisonniers du parti de Marius, qui s'étaient rendus sur la foi d'une amnistie. A cet affreux massacre succédèrent des proscriptions plus horribles encore : l'effroi était dans tous les cœurs.

Quelqu'un disait à Sylla : « Nous ne demandons pas grâce pour ceux que vous êtes résolu de faire mourir, mais du moins tirez d'inquiétude ceux que vous voulez sauver. » — *Je ne sais pas encore*, dit-il, *à qui j'accorderai la vie*. — « Eh bien, nommez ceux que vous voulez exterminer. » Le tyran déclare qu'il ne pardonnera à aucun de ses ennemis. Le jeune César put seul échapper à la vengeance du cruel despote, bien que Sylla vît en lui, disait-il, *plus d'un Marius*.

Dès lors on vit l'esclave invité par des récompenses à trahir son maître, le fils même à trahir son père. On proscrivit enfin jusqu'aux générations futures, car les descendans de ces malheureuses victimes étaient condamnés, comme infâmes, à ne posséder aucune charge.

Tant d'horreurs ne furent pas seulement renfermées dans l'enceinte de Rome, elles envahirent l'Italie toute entière. Le jeune Marius, assiégé dans Préneste, et ne pouvant plus se défendre, convint avec un ami de se donner mutuellement la mort ; ils se percèrent de leurs épées. Carbon, l'autre consul, avait quitté l'Italie ; il fut arrêté, et ne put échapper au supplice. Délivré de deux ennemis redoutables, Sylla prend alors le surnom d'*heureux*, sans doute parce que tous ses vœux étaient réalisés, et que le malheur de Rome était au comble.

La république n'existait plus ; un seul homme était maître, et sa puissance, établie dans le sang, parut dès lors se consolider par le titre de DICTATEUR PERPÉTUEL, qu'il exigea des Romains.

Investi du pouvoir absolu, Sylla voulut donner des lois à ce même peuple dont naguères il avait été l'oppresseur et le bourreau ; il fit quelques sages réglemens ; mais constamment favorables aux classes élevées, il restreignit, autant qu'il fut en son pouvoir, la puissance tribunitienne.

79. — ABDICATION DE SYLLA. — Après avoir, pendant deux ans, exercé la dictature, on vit avec surprise Sylla abdiquer la souveraine puissance; il se retira à Cumes, dans la Campanie. Peu d'années après, il mourut dans d'horribles souffrances, dont la moindre, sans doute, ne fut pas le souvenir de ses crimes. Il avait fait périr, dit-on, cent mille citoyens par les armes, et plus de douze mille par les massacres et les proscriptions.

76. — SUITE DES GUERRES CIVILES. — SERTORIUS EN ESPAGNE. — Le parti de Marius, qui avait succombé en Italie, revivait encore en Espagne.

Sertorius, grand capitaine, politique habile, en était le plus ferme soutien, et avait eu l'avantage sur Métellus, lieutenant de Sylla, et sur Pompée lui-même, qui avait tenté de le combattre. La trahison livra Sertorius à ses ennemis; il fut lâchement assassiné dans un festin par Perpenna, son allié, jaloux de l'influence que le capitaine de Marius avait obtenue sur ses propres soldats.

Perpenna, attaqué à son tour, fut vaincu par les Romains; et Pompée, oubliant alors le service que lui avait rendu Perpenna, ordonna son supplice. C'est ainsi qu'en profitant de la trahison, on méprise toujours le traître.

La mort de Sertorius et de Perpenna mit fin à la guerre d'Espagne.

Pompée s'enorgueillit d'un succès qui lui avait peu coûté. Il ne possédait point les qualités d'un grand homme, et eut toujours la prétention d'être sans égal.

73. — Guerre de Spartacus. — Après la guerre de Sertorius, Rome eut à soutenir une lutte aussi dangereuse qu'humiliante contre ses propres esclaves.

On exerçait, malgré eux, au métier de gladiateur, un grand nombre de ces infortunés, qu'une destinée malheureuse avait réduits en servitude; la plupart étaient Gaulois ou Thraces : soixante-dix-huit d'entre eux avaient rompu leurs chaînes, et s'étaient rendus redoutables, ayant à leur tête Spartacus, homme d'un mérite bien supérieur à sa fortune. Sa petite troupe devint une armée qui bientôt menaça Rome elle-même. Crassus, l'un des meilleurs généraux de la république, réunit tous ses efforts pour soumettre les rebelles ; ils furent vaincus, malgré des prodiges de valeur, et le héros qui les commandait mourut couvert de blessures en défendant la liberté.

Cinq mille fuyards s'étant ralliés, Pompée les défit sans peine, et vanta ses exploits au sénat, comme s'il eût sauvé la république. C'est ainsi qu'il éblouissait la multitude, en exagérant ses services.

De retour à Rome, et cherchant à se concilier la faveur du peuple, il rendit aux tribuns l'autorité que Sylla leur avait ravie, et fit abroger également la plupart des lois créées par le dictateur, et qui portaient atteinte aux libertés publiques.

73. — EXPÉDITION CONTRE LES PIRATES. — Une multitude de pirates infestaient les côtes de la Méditerranée. Pompée, envoyé pour les soumettre, y réussit, et ce dernier succès accrut encore son influence, et lui fournit un prétexte pour conserver le commandement au-delà du terme prescrit.

73, etc. — SUITE DE LA GUERRE DE MITHRIDATE. — Sans égard au traité conclu avec Sylla, Mithridate avait recommencé la guerre. Rome envoya contre lui les deux consuls Lucullus et Cotta. Ce dernier fut battu sur mer et sur terre. Lucullus ne tarda pas à le venger. Après avoir forcé Mithridate à lever le siége de Cyzique, qu'il avait entrepris, il le chassa d'abord de la Bithynie, et ensuite de son royaume de Pont *.

C'est alors que le monarque cruel donna l'ordre d'empoisonner ses sœurs et ses femmes (la fameuse *Monime* en particulier), dans la crainte qu'elles ne tombassent entre les mains du vainqueur.

Mithridate, après sa défaite, s'était retiré chez Tygrane, son gendre, roi d'Arménie. Lucullus le poursuit, et remporte sur les Arméniens une

---

* La Bithynie et le Pont, provinces de l'Asie-Mineure. (Voyez la carte.)

éclatante victoire. Il passe le mont Taurus l'année suivante ; Tygrane et Mithridate étaient réunis, il les attaque et les met en fuite l'un et l'autre.

Lucullus réunissait au goût des lettres et des sciences tous les talens militaires ; il s'attira néanmoins l'inimitié des soldats par la sévérité de sa discipline et une insatiable cupidité qui lui faisait détourner à son profit la meilleure part du butin. Ses troupes se révoltèrent plus d'une fois. Mithridate et Tygrane en profitèrent pour retourner dans leurs royaumes.

63. — MORT DE MITHRIDATE. — Pompée saisit cette occasion pour faire révoquer Lucullus, et pour s'emparer du commandement, qu'il feint, toutefois, d'accepter à regret.

Cependant le succès le plus complet va justifier son ambition et couronner son entreprise. Il attaque Mithridate, le défait entièrement, et le contraint de s'enfuir vers le Bosphore.

Le malheureux prince avait supporté ce dernier revers avec courage, lorsqu'une révolte de son fils Pharnace vint l'accabler. Assiégé dans un château, son dernier asile, il tenta vainement de se donner la mort par le moyen du poison. Il ne put y réussir, et se perça de son épée *.

---

* Mithridate, environné d'ennemis domestiques et redoutant sans cesse quelque attentat contre sa personne, s'était habitué insensiblement à prendre du poison, afin d'en paralyser l'effet par l'habitude. Il ne s'en trouva plus d'assez violent pour lui donner la mort.

Ainsi périt ce grand homme, qui avait résisté quarante ans aux efforts des Romains, et qui, pendant ce long espace, fut constamment la terreur de leurs plus habiles capitaines.

Ce prince, d'un mérite distingué, savait, dit-on, les vingt-deux langues des vingt-deux peuples dont il était roi, et pouvait les haranguer sans interprète.

L'Asie-Mineure, jusqu'à l'Euphrate, fut distribuée en provinces romaines : Pharnace obtint le royaume de Bosphore, sans doute en récompense de son parricide.

62. — Conjuration et mort de Catilina. — Pompée, infatigable, poursuivait le cours de ses victoires : après avoir imposé la paix à Tigrane, il étendit ses conquêtes en Syrie, en Judée et jusqu'en Arabie. Mais tandis que les armes de la république triomphaient au dehors, une conspiration se formait au sein même de la grande cité. *Catilina*, citoyen romain, d'une naissance illustre, mais de mœurs perverses, avait conçu le dessein de s'emparer, comme Sylla, de la souveraine puissance. Le complot fut découvert par *Cicéron*, consul alors, le premier orateur et l'homme le plus distingué de la république : Catilina fut contraint de sortir de la ville. Les autres chefs de la conspiration furent arrêtés, condamnés à mort par le sénat, et exécutés dans leur prison.

Catilina, à la tête d'une troupe de rebelles, avait conçu l'espoir de soulever les Gaules ; mais poursuivi par Antoine, et sur le point d'être vaincu, il se jeta au fort de la mêlée et mourut percé de coups.

61. — RETOUR DE POMPÉE. — Cependant Pompée revint à Rome, et jamais triomphe n'égala la splendeur du sien. Il triompha en même temps de l'Europe, de l'Asie et de l'Afrique; mais, dans tout l'éclat de sa gloire, on remarqua bientôt en lui les manières hautaines d'un despote d'Asie, et de protecteur du peuple qu'il était en partant, il était revenu avec l'intention formelle de se faire le patron des nobles.

A cette époque, mais pour un moment, la paix fut générale.

60. — COMMENCEMENT DE CÉSAR. — Accoutumé au commandement et au succès, Pompée ne voulait souffrir ni supérieur ni égal; il trouva dans Crassus un adversaire auquel d'immenses richesses attachaient un grand nombre de partisans; mais, de tous ces rivaux, celui qui se présentait avec le plus d'avantages, était sans contredit JULES-CÉSAR, neveu de Marius et gendre de Cinna. Sa jeunesse avait été consacrée à l'oisiveté et aux plaisirs frivoles; mais, dirigé ensuite par une ambition profonde et une politique habile, il se préparait à jouer un grand rôle. Une figure noble, des manières affables et insinuantes prévenaient en sa faveur; l'éloquence la plus persuasive le servait mieux encore; en un mot, il était capable par son génie, par son courage, de former

les plus grandes entreprises : aucune n'était au-dessus de ses moyens ni de son ambition.

Passionné pour la gloire, il lisait un jour la vie d'Alexandre : *Hélas !* dit-il en soupirant, *Alexandre avait conquis à mon âge tant de royaumes, et moi je n'ai rien fait encore de mémorable*!*

Une autre fois, traversant une petite bourgade des Alpes, il entendit une personne de sa suite demander en riant si l'on briguait aussi les emplois dans ce lieu aride et sauvage. « *J'aimerais mieux,* » répondit César, *être ici le premier que le second* » *à Rome.* »

Le peuple, dont il recherchait la faveur, eut bientôt en lui un protecteur zélé, et se félicita, après tant d'oppression, d'avoir trouvé enfin un défenseur de ses droits. Il se fit remarquer d'abord par un acte de justice, en protégeant de tout son pouvoir le retour des citoyens exilés pendant la tyrannie de Sylla. César cherchait à se faire des partisans, et il y réussit.

La dignité de souverain pontife était vacante, il l'obtint par son crédit, de préférence à Luctatius, un des principaux sénateurs.

60. — Pompée et Crassus, rivaux l'un de l'autre, se haïssaient également ; César parvint à les réconcilier, et par leurs moyens réunis, il obtint le consulat qu'il ambitionnait depuis longtemps.

A peine est-il revêtu de cette dignité, qu'il

---

* Alexandre régnait en Macédoine en 336, trois siècles environ avant l'époque où vécut César.

propose une loi agraire, afin de se rendre le peuple de plus en plus favorable.

Il donne sa fille en mariage à Pompée pour s'assurer un appui.

Redoutant le zèle et l'éloquence de Cicéron, il cherche à diminuer son crédit et son influence, en procurant le tribunat au séditieux Claudius, ennemi mortel de l'orateur. Chaque jour, enfin, il rassemble avec un art infini tout ce qui peut concourir de près ou de loin à son élévation.

60. — Triumvirat de César, Crassus et Pompée. — Étant parvenu à intéresser Crassus et Pompée à ses projets, César offre à ces deux ambitieux de leur en faire partager les fruits. Il forme avec eux une sorte de ligue à laquelle on donne le nom de *triumvirat*, parce qu'il était composé de trois personnes.

Les triumvirs furent bientôt investis des principaux gouvernemens de la république. César eut l'Illyrie, la Gaule cisalpine et la Gaule transalpine* : il préféra ce gouvernement, qui lui offrait de la gloire à conquérir. Crassus choisit la Syrie, dans l'espoir d'accroître encore ses richesses, et Pompée accepta l'Espagne, qu'il fit gouverner par ses lieutenans. Ces divers pouvoir, confirmés à chacun d'eux pour cinq ans, furent prolongés en-

58. — Exil de Cicéron. — L'illustre orateur

---

* La *Gaule cisalpine* était en Italie, *en-deçà* des Alpes. La *Gaule transalpine* était *au-delà* des Alpes et forme aujourd'hui la France.

inquiétait les triumvirs par sa violente opposition; il fut banni sous prétexte d'avoir fait mourir les complices de Catilina, sans observer les formalités prescrites par la loi. Cicéron s'était retiré en Grèce; mais son exil dura peu : Pompée le fit bientôt rappeler par un motif d'intérêt personnel. Il fut comblé d'honneurs à son retour.

De 58 à 49. — CONQUÊTE DES GAULES PAR JULES-CÉSAR *. — A peine César a-t-il commencé ses grandes expéditions, que la victoire s'attache à ses pas. Il triomphe d'abord des *Helvétiens* ou Suisses, qui avaient abandonné leurs montagnes pour chercher de nouvelles terres; il chasse des Gaules *Arioviste*, roi de Germanie; enfin, après avoir soumis les Belges, il revint dans les Gaules, traverse l'Océan et passe dans la Grande-Bretagne. Les Bretons ne connaissaient pas même le nom romain. César les subjugue et les rend tributaires de l'empire **.

La nouvelle de ces marches prodigieuses répandit à Rome la surprise et l'enthousiasme.

De retour dans les Gaules, César en soumit successivement les différentes provinces, et dans l'espace de neuf années qu'il y resta, il assujettit les Gaulois, mais moins par la force des armes que par sa politique et sa clémence.

---

* Suivre sur la carte la marche de César.

** On compte parmi les exploits de César : 800 places prises, 300 peuples assujettis et 3 millions d'hommes défaits en plusieurs batailles.

Intrépide, sobre, infatigable, toujours prêt à combattre, toujours attentif aux affaires, en même temps qu'il poursuivait ses ennemis, il veillait sur les intrigues de Rome.

49. — GUERRE CIVILE DE CÉSAR ET POMPÉE. — Crassus était mort, et Pompée aspirait en secret au pouvoir suprême. Pour y parvenir, il fallait désarmer le vainqueur des Gaules. Le terme du gouvernement de César approchait ; Pompée demande son rappel, et en même temps il obtient d'être continué pour cinq ans dans le commandement de l'Afrique et de l'Espagne.

Cependant César était perdu s'il ne conservait les Gaules ; il refuse d'abandonner le commandement si son rival n'y renonce pas lui-même. Mais bientôt le sénat lui donne l'ordre de quitter l'armée et de se rendre à Rome, sous peine d'être déclaré ennemi de la patrie. Pompée, chargé de la défense de la république, quoiqu'il ne fût pas consul, devait faire exécuter les ordres du sénat ; cette décision, injurieuse pour César, devint le signal de la guerre civile.

Du côté de Pompée étaient les consuls et le sénat. Du côté de César, le peuple et une armée victorieuse sous les ordres du plus grand capitaine du monde.

Cependant César a quitté les Gaules, il s'avance vers Rome avec sa rapidité ordinaire. Arrivé sur les bords du Rubicon, dernière limite de son gouvernement, il s'arrête, il hésite... Si je ne passe point, dit-il, je suis perdu. Mais si je passe, de quels malheurs Rome est menacée ! Réfléchissant ensuite à la haine de ses adversaires : *Le sort en est jeté*, s'écrie-t-il. Il traverse le fleuve, court s'emparer de Rimini, et bientôt la consternation est dans Rome.

Pompée n'avait pas osé l'y attendre ; suivi de la majorité des patriciens, il s'était retiré à Capoue : de là il passa en Grèce.

César triomphant entre dans Rome, où son autorité est bientôt reconnue. Là, il apprend que les forces réelles des Pompéiens sont en Espagne, tandis que les chefs du parti se sont réfugiés en Grèce. Il se décide alors à passer en Espagne : *Allons, dit-il, combattre une armée sans général, nous combattrons ensuite un général sans armée.*

César franchit les Pyrénées, soumet l'Espagne, et revient à Rome, où il est élu dictateur. Deux jours après, il abdique et se fait donner le consulat pour l'année suivante.

48. — BATAILLE DE PHARSALE. — Pompée avait réuni des forces en Macédoine ; César marche à la poursuite de son rival : arrivé en Thessalie, il retarde le combat pour mieux assurer les succès, et bientôt il remporte un victoire décisive dans les plaines de *Pharsale*. Ce triomphe éclatant met le comble à sa gloire.

Déplorant toutefois les malheurs inséparables de la guerre, on l'entendit pendant la bataille s'écrier plus d'une fois : *Sauvez les citoyens romains.* Il soupira profondément à la vue du champ de bataille couvert de morts, et s'efforça de réparer par sa clémence des maux qu'il avait causés à regret.

On avait trouvé dans le camp ennemi des papiers appartenant à Pompée et dans lesquels un grand nombre de personnes se trouvaient compromises ; César jette les papiers au feu sans en lire aucun. *J'aime mieux*, dit-il, *ignorer des crimes que d'être obligé de les punir.*

58. — MORT DE POMPÉE. — Abandonné de ses troupes, Pompée n'avait pas attendu l'issue du combat, il s'était retiré dans sa tente et s'embarqua ensuite pour l'Égypte. Il avait rétabli sur le trône d'Égypte *Ptolémée Aulette*, dont le fils régnait alors. Le guerrier fugitif espérait trouver un asile près du jeune prince, fils et successeur d'Aulette ; mais il ne faut pas compter toujours sur la reconnaissance des rois ; Pompée l'éprouva bientôt. Ptolémée, qui redoutait César, crut servir ses intérêts en le délivrant de son ennemi : il feignit de recevoir Pompée et le fit assassiner dans la barque qui l'amenait au rivage.

César étant arrivé à Alexandrie peu de temps après, on lui présenta la tête de Pompée, sans doute comme un trophée digne d'un conquérant. Il détourna ses regards de cet horrible spectacle, et ne témoigna que de l'indignation et de la douleur, déplorant le sort funeste d'un homme dont il estimait la bravoure et les talens.

La célèbre Cléopâtre, sœur et femme de Ptolémée, réclamait le partage de la couronne d'Égypte. César intervint dans la querelle, plaça Cléopâtre sur le trône, et faillit perdre la vie dans une insurrection. Ptolémée, qui avait pris la fuite, se noya dans le Nil en voulant traverser le fleuve.

47. — GUERRE CONTRE PHARNACE. — Après un long séjour en Égypte, où l'avaient imprudemment retenu les charmes de Cléopâtre, César passa en Asie, pour combattre Pharnace, fils de Mithridate et roi du Bosphore. Ce prince avait envahi la Cappadoce et la Bithynie, provinces romaines

Après des succès étonnans par leur rapidité, César rendit compte en trois mots de son expédition : *Veni, vidi, vici,* je suis venu, j'ai vu, j'ai vaincu. Pharnace, dans cette guerre, perdit non-seulement ses conquêtes, mais ses propres états.

46. — GUERRE D'AFRIQUE. — Le vainqueur de Pharsale devait triompher désormais de tous les obstacles. De retour à Rome, il n'y reste que le temps nécessaire pour consolider son pouvoir par des actes de justice et de générosité ; il se dirige ensuite vers l'Afrique, où les fils de Pompée avaient rassemblé un parti formidable dirigé par *Caton* et *Scipion,* auquel s'était réuni *Juba,* roi de Mauritanie.

César, par une marche savante et rapide, attaque séparément les trois camps des Pompéiens, et remporte trois victoires consécutives qui lui soumettent l'Afrique.

On ne peut se faire une juste idée de l'ardeur des soldats de César, de leur dévouement et de leur mépris de la mort. On raconte que Scipion, ayant fait massacrer l'équipage d'un vaisseau, voulut épargner un des hommes qui s'y trouvaient. *Les soldats de César*, répondit ce brave, *sont habitués à donner leur vie, mais non à la recevoir d'un ennemi.* Il se coupa la gorge.

46. — Mort de Caton*. — Ce philosophe célèbre, l'un des chefs du parti de Pompée, s'était renfermé à Utique, où il semblait faire revivre le sénat de Rome. Animé d'un patriotisme ardent et plein de grandeur d'âme, il ne voulut pas survivre au triomphe de César et à la liberté de sa patrie; il se perça de son épée, après avoir lu le dialogue de Platon sur l'immortalité de l'âme.

Avec Caton mourut la liberté romaine. La république, dès ce moment, n'exista plus, et le retour de César à Rome doit être considéré comme l'époque véritable de la fondation de l'empire.

Après la victoire de Pharsale, on avait appelé César *demi-dieu*; après la victoire d'Afrique, il fut Dieu tout à fait, et sa statue fut placée dans le Capitole, à côté de celle de Jupiter.

On décerna quatre triomphes au vainqueur: pour les Gaules, l'Égypte, le Pont et l'Afrique. On ne parla pas de Pharsale; cette victoire, que Rome avait achetée au prix du sang de ses propres enfans, parut sans doute trop chèrement payée pour être l'objet d'un triomphe.

---

* Caton était arrière-petit-fils de Caton le Censeur; il est désigné dans l'histoire sous le nom de Caton d'*Utique*, du lieu de sa mort.

Derrière le char de César marchaient en même temps les déplorables représentans de l'Orient et de l'Occident, *Versingentorix*, roi des Gaules, *Arsinoë*, sœur de Cléopâtre, reine d'Égypte, et enfin le fils du roi de Mauritanie, *Juba*. Ce spectacle fut à la fois admirable et terrible.

César, voulant faire participer toute la population à ces fêtes triomphales, fit distribuer du blé aux citoyens et aux soldats. Il les traita tous, soldats et peuple, sur vingt-trois mille tables, dit-on, qui furent dressées pour les convives *. Des spectacles, des combats de gladiateurs se joignirent au festin ; et cette fête de la guerre, disent les historiens, fut sanglante comme une guerre.

Le soir, César traversa Rome entre quarante éléphans qui portaient des lustres étincelans de cristal de roche, et l'on vit la girafe africaine se promener dans Rome avec l'éléphant indien.

Le but de César était sans doute d'éblouir la multitude, afin de mieux réussir dans ses projets; mais la sagesse de ses lois, la douceur de son gouvernement, et sa clémence infinie, étaient un plus sûr moyen de colorer ses entreprises ambitieuses, et de lui faire des partisans.

AN 45. — RÉFORME DU CALENDRIER. — Parmi les réformes utiles opérées par César, une des plus importantes fut celle du calendrier. L'année était de douze mois lunaires ; il y substitua l'année so-

---

* Chaque table était composée de *trois lits*, selon l'usage des Romains. Chaque lit recevait plusieurs convives.

laire de trois cent soixante-cinq jours. C'est ce qu'on a appelé depuis *l'Année julienne*, du nom de Jules-César. La première année julienne commença au 1er janvier de l'année 45.

AN 45. — GUERRE D'ESPAGNE. — BATAILLE DE MUNDA. — Le parti de Pompée s'était relevé en Espagne ; César accourut et termina la guerre civile par la victoire décisive qu'il remporta sous les murs de *Munda*.

Malgré ce triomphe éclatant, le retour à Rome fut triste et sombre ; les vainqueurs eux-mêmes étaient fatigués de carnage, et déploraient des victoires remportées sur des concitoyens. Les vrais républicains voyaient aussi avec inquiétude les atteintes portées à la liberté ; ils craignaient surtout qu'abandonnant le parti populaire auquel il avait été attaché, César n'aspirât à la tyrannie ; la liberté, en un mot, n'était plus qu'un fantôme. César était la loi suprême. Il fut nommé dictateur perpétuel ; à ce titre on joignit bientôt celui D'EMPEREUR* et de *père de la patrie*. Poussant enfin l'adulation au plus haut degré, on lui décerna les honneurs divins, et, sous le nom de *Jupiter Julius*, il eut des autels et des temples. Mais par une poli-

---

* Lorsque les consuls avaient eu des succès, on les saluait empereurs ; mais ce titre n'était que passager dans les consuls ; il devint perpétuel dans César, et on y ajouta, pour prérogative, qu'il commanderait et disposerait de toutes les armées avec un pouvoir absolu. C'est en ce sens qu'Auguste et ceux qui lui succédèrent furent nommés empereurs.

tique aussi lâche que perfide, le sénat, en l'accablant de dignités et d'honneurs, voulait le rendre odieux, et cherchait ainsi à le perdre bien plus qu'à le récompenser.

César sembla déjouer ce projet en redoublant de zèle pour le bien public et le bonheur du peuple. Chaque jour de nouvelles largesses lui faisaient de nouveaux partisans; ses ennemis eux-mêmes eurent part à ses nombreux bienfaits. Il fit tout, en un mot, pour subjuguer les esprits et gagner les cœurs.

Maître de l'état, il parut respecter les priviléges des comices *, et n'eut pas les mêmes égards pour ceux du sénat; il semblait, au contraire, ne pouvoir cacher son mépris pour ce corps, qui naguères s'était déclaré ouvertement contre lui, et qu'il voyait alors à ses pieds.

Les projets que formait le dictateur auraient encore ajouté à sa gloire, s'il avait eu le temps dé les exécuter : il se proposait de réunir ses lois dans un code, et de les imposer à toutes les nations; il voulait orner la ville de Rome de superbes édifices, et lui donner une immense bibliothèque destinée à répandre l'instruction; il projetait un port gigantesque à Ostie; l'isthme de Corinthe devait être coupé pour réunir la mer Égée à la mer Ionienne; enfin, les trois grandes cités qu'avait détruites la guerre, Corinthe, Carthage et Capoue, allaient être relevées.

---

* Assemblées du peuple.

10.

Mais ce n'était pas assez pour satisfaire ce génie entreprenant; l'Occident était trop étroit pour César. *On ne peut travailler en grand*, disait-il, *que dans l'Orient*. Il voulait, en effet, pénétrer dans la Haute-Asie pour dompter les Parthes et renouveler les conquêtes d'Alexandre.

Mais au moment où tout se disposait pour l'exécution de ses vastes desseins, le héros qui les formait fut arrêté par la mort.

Longtemps le peuple s'était abusé sur les intentions de César; mais un jour que le sénat en corps était venu lui déférer de nouveaux honneurs, il ne se leva point de son siége. Cette marque de mépris dévoila ses projets, et répandit l'alarme chez tous les amis de la liberté.

Bientôt une conspiration fut formée au sein même du sénat; *Cassius*, que des motifs personnels avaient rendu l'ennemi de César, en était le chef*. Il entraîna *Brutus*, gendre et imitateur de Caton. César aimait Brutus comme son propre fils, et l'avait comblé de grâces après lui avoir sauvé la vie. Le fier républicain ne l'avait point oublié; mais il redoutait l'influence de ce souvenir, et craignait de sacrifier aux intérêts d'un seul homme les intérêts de son pays.

Il avait peur d'aimer César, a dit un historien, et à chaque nouveau bienfait, il s'armait d'ingratitude, si l'on peut s'exprimer ainsi. Des billets

---

* On dit qu'une cause légère détermina Cassius : il en voulait à César, d'abord pour lui avoir refusé la préture, et ensuite parce qu'il lui avait pris des lions qu'il nourrissait.

anonymes, que Brutus, alors préteur, trouva dans son tribunal, achevèrent de réveiller en lui les sentimens républicains. *Tu dors, Brutus*, lui disait-on, *tu n'es plus le même.* Cassius acheva de l'entraîner ; Décimus, Casca, Cimber, Trébonius n'hésitèrent pas à entrer dans la conjuration.

De toutes parts, cependant, César est averti ; on ne parle en sa présence que de *funestes présages* ; on lui dit de prendre garde aux *ides de mars* *, de se défier de Brutus. *De Brutus !* dit-il ; et portant la main sur lui, il ajouta : *Brutus attendra bien la fin de ce corps chétif.*

Les ides de mars arrivent : César, méprisant les augures, refuse de prendre aucune précaution contre le danger qui le menace ; il se rend au sénat : bientôt les conjurés l'environnent, et semblent l'entretenir de quelque affaire importante ; mais tandis qu'ils dirigent son attention sur un autre point, ils tirent leurs poignards et le percent de coups... A la vue de Brutus, César s'écria douloureusement : *Et toi aussi, mon fils Brutus !...* Cessant alors de se défendre, il se couvre le visage de sa robe, et reçoit la mort sans se plaindre. Ainsi périt, dans la 56e année de son âge, le héros célèbre auquel obéissait le monde.

A la nouvelle de la mort de César, les patriciens firent éclater leur joie ; mais le peuple consterné ne témoigna que des regrets. Le consul Marc-An-

---

* Terme de calendrier chez les Romains. Les *ides de mars* étaient le 15 mars.

toine vint les accroître encore, en faisant connaître à la multitude assemblée les dernières volontés du grand homme. Le peuple romain héritait d'une partie de ses biens, la plupart de ses meurtriers avaient droit à ses largesses, et les meilleures provinces leur étaient destinées. Enfin le jeune Octave, son neveu et son fils adoptif, était son légataire universel, et devait lui succéder dans ses titres.

Après avoir lu le testament de César, Antoine présenta au peuple sa robe ensanglantée, il montra les blessures qu'il avait reçues de ceux qu'il croyait ses amis ; enfin l'éloge de ce héros, le récit de ses exploits, tout fut habilement calculé par Antoine, pour exciter la multitude contre ses assassins, qui, obligés de prendre la fuite, se retirèrent en Orient, Brutus dans la Grèce, et Cassius en Asie *.

44. — Commencement d'Octave, nommé depuis Auguste. — La mort de César, en éveillant de

---

* Nous rappellerons ici le jugement de Napoléon sur César. — Extrait du *Mémorial de Sainte-Hélène*, le 14 décembre 1816.

Passant ensuite à César, Napoléon disait : « qu'au rebours » d'Alexandre, il avait commencé sa carrière fort tard, et » qu'ayant débuté par une jeunesse oisive et des plus vicieuses, » il avait fini montrant l'âme la plus active, la plus élevée et » la plus belle. » Il le pensait un des caractères les plus aimables de l'histoire.

Toutefois pour le génie militaire il semble mettre Annibal au-dessus de tout.

nouvelles ambitions, allait replonger les Romains dans les horreurs de la guerre civile ; on s'aperçut bientôt qu'Antoine, sous le prétexte de venger son ami, aspirait à le remplacer.

Le jeune Octave, l'héritier de César, venait d'arriver à Rome, conduit par un projet semblable. Antoine, homme sans génie, soldat barbare, prétendait descendre d'Hercule, sans doute parce qu'il en avait la force et la structure. Octave, au contraire, d'une santé faible, d'un esprit plus faible encore, était un enfant timide, craintif, et qui s'exprimait avec peine ; ne manquant pas toutefois d'audace politique, nous le verrons bientôt devenir pour Antoine un dangereux compétiteur. *Cicéron*, qui prévoyait, sans doute, ses hautes destinées, le flattait pour s'en faire un appui.

43. — 2e TRIUMVIRAT D'ANTOINE, OCTAVE ET LÉPIDE. — Antoine ayant réuni un parti formidable, le sénat envoie contre lui une nombreuse armée, sous le commandement d'Octave et des consuls Hirtius et Pensa ; ce dernier est battu et tué ; Hirtius périt en gagnant une bataille sur Antoine, qui, obligé de fuir, passe dans la Gaule transalpine où commandait Lépide. Octave revint à Rome, se fait élire consul quoiqu'il ait à peine vingt ans.

Cependant le parti républicain avait repris des forces ; Octave, qui le redoutait plus que tous les autres, lève aussitôt le masque, et va unir ses intérêts à ceux d'Antoine et de Lépide. Ces trois ambitieux conviennent de partager le pouvoir suprême pour cinq ans, et forment ainsi le SECOND TRIUMVIRAT. Le traité fut scellé par le mariage d'Octave avec la belle-fille d'Antoine.

Lépide devait rester à Rome tandis que ses collègues marcheraient contre Brutus et Cassius, qui, avec des légions d'Orient, menaçaient l'Italie.

Avant de commencer la guerre, les *triumvirs* devaient exterminer leurs ennemis par une proscription, afin de se procurer des fonds pour l'entretien des troupes.

An 43 av. J.-C. — PROSCRIPTIONS DES TRIUMVIRS. — Marius et Sylla furent bientôt surpassés en cruauté, en barbarie. Rien ne peut égaler l'horreur de ces proscriptions nouvelles; trois cents sénateurs et deux mille chevaliers furent proscrits. Les triumvirs firent périr les citoyens les plus riches, les plus puissans, pour s'enrichir de leurs dépouilles; ils se sacrifièrent mutuellement les têtes les plus chères. Lépide livra son propre frère; Antoine, son oncle; Octave sacrifia *Cicéron*, son ami et son protecteur. Abreuvés de sang, rassasiés de massacres, les triumvirs se hâtent d'exécuter leurs projets contre les républicains; ils laissent Lépide à Rome et vont combattre Brutus et Cassius, retirés en Macédoine.

An 42. — BATAILLE DE PHILIPPES. — Deux armées nombreuses allaient décider du sort de la république; l'une guidée par l'ambition, l'autre par l'amour de la liberté : elle se rencontrèrent près de Philippes, sur les confins de la Thrace et de la

Macédoine. La victoire, longtemps incertaine, fut assurée aux triumvirs. Brutus et Cassius, ne voulant pas survivre à l'anéantissement de la liberté, se donnèrent la mort; ils sont appelés dans l'histoire *les derniers des Romains*.

Octave n'avait point paru à la bataille; il fut impitoyable pour les vaincus et montra autant de cruauté que César avait toujours eu de générosité et de clémence.

Un père et un fils lui demandèrent grâce: il promit la vie au fils, à condition qu'il tuerait son père; il le fit ensuite égorger lui-même. Un autre ne demandait que la sépulture: *Les vautours y pourvoiront*, dit l'homme sans pitié.

La bataille de Philippes fut la ruine du parti républicain; Octave ne songea plus, dès ce moment, qu'à régner sans partage. Lépide fut renvoyé et se trouva heureux de conserver la vie, en renonçant aux honneurs que le hasard, et non le mérite, lui avait procurés.

Antoine pouvait seul disputer l'empire à Octave. il lui en facilita au contraire l'usurpation par un enchaînement de fautes énormes qui attirèrent sur lui le mépris de la nation.

Captivé par les charmes de la célèbre Cléopâtre, il épousa cette princesse après avoir répudié *Fulvie*, sa femme, sœur d'Octave; il la fit ensuite proclamer reine d'Égypte, de Chypre et d'Afrique, et prodigua les provinces et les royaumes aux enfans nés de cette union. Livré à une passion coupable, il sacrifiera tout pour elle et déshonorera le nom romain.

Octave saisit cette occasion pour renverser un pouvoir qui lui portait ombrage ; il accuse Antoine de démembrer l'empire ; il se plaint qu'il avait répudié sa sœur Fulvie pour devenir l'esclave d'une reine et d'une reine barbare (deux titres également odieux aux Romains) ; en un mot, il excite contre Antoine l'indignation du peuple et du sénat, et bientôt Rome lui déclare la guerre.

31. — BATAILLE NAVALE D'ACTIUM. — Actif et courageux lorsqu'il s'agit de perdre un rival, Octave équipe promptement une flotte considérable ; Antoine se dispose à lui résister, mais c'est au milieu des fêtes et des plaisirs qu'il s'occupe de ses préparatifs. Les conseils de Cléopâtre deviennent ses guides ; elle le détermine à combattre sur mer, quoiqu'il ait sur terre une supériorité incontestable ; et bientôt la BATAILLE D'ACTIUM va fixer les destins de l'empire.

Le combat s'engage : Cléopâtre commandait soixante vaisseaux égyptiens. La victoire, d'abord incertaine, semblait se décider pour Antoine, lorsque la fuite de Cléopâtre entraîna sa défaite. Antoine, oubliant tout et s'oubliant lui-même, abandonna sa flotte pour suivre Cléopâtre.

Octave, ou plutôt Agrippa, son général, remporta une victoire complète, et bientôt après l'Égypte entière fut soumise.

30. — Antoine, accablé de mépris et reconnaissant trop tard sa faute, se donna la mort. Cléopâtre imita son exemple pour se soustraire à la honte d'orner le char du vainqueur.

L'Egypte et la Syrie devinrent provinces romaines ; l'Asie-Mineure et la Grèce reconnurent Octave pour souverain, et les principaux monarques de l'Asie lui envoyèrent des ambassadeurs pour réclamer sa protection.

28. — Octave revint à Rome, où le peuple, séduit par la magnificence et la pompe dont il s'environnait, l'accueillit avec enthousiasme ; on lui décerna à la fois les titres d'EMPEREUR, de souverain pontife, de consul, de tribun et de père de la patrie ; il reçut encore du sénat le titre d'AUGUSTE. (C'est sous ce nom désormais que nous le désignerons.)

La liberté était anéantie, Rome avait trouvé un maître, et dès ce moment la république n'exista plus.

C'est ainsi qu'à force de ruse, de souplesse, et favorisé surtout par les circonstances, Octave parvint insensiblement à cette puissance souveraine, objet de son ambition dès ses plus jeunes ans.

Ici se termine l'histoire de la république romaine. Elle avait eu cinq siècles environ de durée, de l'an 509 à l'année 28 avant Jésus-Christ.

FIN DE LA DEUXIÈME ÉPOQUE.

EXERCICES

SUR LE DERNIER SIÈCLE AVANT J.-C. *

Année 99. — Guerre sociale. — Quel fut le motif de la guerre sociale ou des alliés ? — Comment se termina-t-elle ?

88. — Guerre de Mithridate. — Qu'était-ce que Mithridate ? — Quel général romain le combattit avec succès ? — En quelle année ?

87. — Guerre civile de Marius et de Sylla. — Quel fut le motif de cette guerre ? — Que fit Marius après qu'il se fut emparé de Rome ? — Que fit à son tour Sylla en revenant d'Italie ?

En quelle année Sylla fut-il nommé dictateur ? — Conserva-t-il toujours cette dignité ?

76. — Guerre d'Espagne ou de Sertorius. — Quels furent les événemens de cette guerre ? — Que devint Sertorius ?

73. — Guerre de Spartacus ou des Esclaves. — Qu'était Spartacus ? — Quels généraux lui furent opposés ? — Comment mourut-il ?

73. — Comment fut terminée la guerre de Mithridate ? — Comment mourut ce prince ?

65. — Conjuration de Catilina. — Quel était le but de cette conjuration ? — Quels en furent les résultats ?

60. — César. — Premier triumvirat. — En quelle année parut César ? — Était-il pour ou contre le parti

---

* Nous avons donné plus d'étendue au récit des derniers événemens, le temps où vécurent César et Auguste formant une des époques les plus remarquables de l'histoire romaine.

populaire? — Quels personnages composèrent le premier triumvirat? — Que firent les triumvirs?

De 58 à 49. — CONQUÊTES DES GAULES. — En quelle année César commença-t-il son expédition dans les Gaules? — Indiquez sur la carte la marche que suivit César pour aller de Rome jusque dans la Grande-Bretagne. * — Combien d'années César resta-t-il dans les Gaules? — Quel fut le motif de son rappel?

49. — S'empara-t-il de Rome? — Quelle grande bataille gagna-t-il sur Pompée? — Que fit-il en Egypte? — Quelle fut son expédition contre Pharnace? — Où triompha-t-il ensuite?

45. — En quelle année fut-il nommé dictateur perpétuel et EMPEREUR? — Comment et par qui fut-il assassiné? — Quel successeur avait-il désigné? — Quels personnages composèrent le second TRIUMVIRAT? — Quelles proscriptions eurent lieu sous les triumvirs?

31. — Quelle bataille navale fut livrée entre Octave et Antoine? — Quel fut le vainqueur?

28. — Quel titre et quel nom reçut Octave? — Quel gouvernement remplaça le gouvernement républicain? — Combien la république avait-elle duré?

---

* Voir la carte. César passe les Alpes, va dans les Gaules, passe en Germanie, en Belgique, revient dans les Gaules, et de là dans la Grande-Bretagne.

COMPOSITION DU TABLEAU COMPARÉ

DE LA DEUXIÈME ÉPOQUE.

(RÉPUBLIQUE.)

On ne répétera pas ici ce qui a été dit déjà relativement à l'étude des tableaux comparés en général ; nous nous bornerons à quelques observations particulières sur le tableau de la deuxième époque.

Ce tableau comprend un espace de cinq siècles environ, de 509 à l'année 28 avant J.-C. Il est divisé, comme celui de la première époque, en *quatre* colonnes, savoir : *Rome*, la *Grèce*, *Carthage* et la *Gaule*.

Ces trois dernières puissances ayant été réduites successivement en *provinces romaines*, ce changement, se trouve indiqué sur le tableau, au moyen de la réunion successive des *différentes colonnes* de ces peuples à la colonne de l'empire romain.

Voyez le tableau. — Année 146. — Réunion de Carthage et de la Grèce à l'empire romain. — Année 58. — Réunion des Gaules devenues provinces romaines.

Nota. Avant de commencer l'étude du tableau comparé, il sera nécessaire de relire les explications données à ce sujet, page 53 et suivantes.

EXERCICE SUR LE TABLEAU COMPARÉ,

ou récapitulation générale de la deuxième époque.

(RÉPUBLIQUE.)

Cet exercice a été divisé en *deux parties*, à raison de son étendue, qui ne permettrait pas de le faire en une seule fois.

Comme il porte sur un grand nombre de faits appartenant à différens peuples, l'élève ne pourrait répondre à toutes les questions sans s'y être préparé d'avance. On se rappellera que cette *préparation* consiste à lire les questions que renferme l'exercice, et à revoir en même temps le tableau pour calculer les réponses que l'on devra faire.

PREMIÈRE PARTIE DE L'EXERCICE,

comprenant la fin du 6e siècle, ainsi que les 5e, 4e et 3e siècles.

FIN DU SIXIÈME SIÈCLE. — ANNÉE 509. — Dans quel siècle et en quelle année fut établi à Rome le gouvernement républicain et le consulat?

CARTHAGE *. — Les Romains, à cette époque, n'eurent-ils pas pour la première fois des relations avec Carthage? — Quelles furent ces relations?

---

* Lorsqu'une question porte sur un peuple étranger, on a indiqué le nom de ce peuple, afin d'éviter toute confusion avec l'histoire romaine, et pour indiquer en même temps la *colonne du tableau* où se trouve l'événement.

CINQUIÈME SIÈCLE AVANT J.-C.

Dans quel siècle eut lieu l'établissement de la dictature à Rome ?

Dans quelle circonstance furent créés les tribuns ?

GRÈCE. — 490. — Dans quel siècle eurent lieu les guerres des Perses contre les Grecs ? — Quel personnage s'illustra dans la première de ces guerres ? — Et dans la seconde ? — Quel fut le héros qui se dévoua aux Thermopyles ? — Combien de Spartiates se dévouèrent avec lui ?

Que se passait-il alors à Rome dans la guerre contre les Véiens ? — Quel fut le dévouement des *Fabius* ? — Quel était leur nombre ? — Cet événement n'a-t-il pas de grands rapports avec le dévouement de Léonidas et des Spartiates ? — Dans quel siècle furent établis les *décemvirs* à Rome ? — Comment désigne-t-on les lois données par les décemvirs ? — Où les Romains puisèrent-ils ces lois nouvelles ?

GRÈCE. — 449. — Dans quel siècle Périclès gouverna-t-il Athènes ? — N'a-t-il pas donné son nom au cinquième siècle ? — En quoi cette époque fut-elle si remarquable chez les Grecs ?

Les Romains alors étaient-ils aussi avancés que les Grecs sous le rapport des sciences et des arts ?

407. — Dans quel siècle eut lieu à Rome l'établissement des troupes soudoyées ?

QUATRIÈME SIÈCLE AVANT J.-C.

390. — Dans quel siècle la ville de Rome fut-elle assiégée et prise par les Gaulois ?

GRÈCE. — 375. — Dans quel siècle eut lieu dans la Grèce la guerre de Thèbes ? — Quels guerriers s'illustrèrent alors ?

348. — Quel traité eut lieu vers cette époque entre Rome et Carthage?

GRÈCE. — 336. — Dans quel siècle et en quelle année *Alexandre le Grand* parut-il sur le trône de Macédoine?

Que faisaient les Romains à cette époque? — Quelle guerre les occupait? — Combien dura la guerre samnite?

TROISIÈME SIÈCLE AVANT J.-C.

264. — Dans quel siècle commencèrent les guerres puniques ou carthaginoises?

Combien y eut-il de guerres puniques? — Lesquelles eurent lieu dans le troisième siècle? — Qu'arriva-t-il à Régulus dans la première guerre punique? — Quels furent les plus célèbres généraux de Rome et de Carthage dans la deuxième guerre punique? — Quelle bataille célèbre gagna Annibal sur les Romains? — Quelle bataille gagna Scipion sur les Carthaginois?

SUITE DE L'EXERCICE SUR LA 2ᵉ ÉPOQUE,

comprenant le 2ᵉ et le dernier siècle avant J.-C.

DEUXIÈME SIÈCLE AVANT J.-C.

192. — Dans quel siècle eut lieu la guerre d'Antiochus? — Quelle fut l'influence des guerres d'Asie sur les mœurs des Romains?

149. — Dans quel siècle et en quelle année eut lieu la troisième guerre punique?

146. — Quand et comment se termina-t-elle? — Quel général romain détruisit Carthage? — Que devint cette république célèbre?

GRÈCE. — **146.** — **Par qui la Grèce fut-elle soumise? — En quelle année? — Sous quel nom fut-elle réduite en provinces romaines?**

Quels états furent réunis dans le même moment à la république romaine?

Voyez le tableau. Ici les deux colonnes de la Grèce et de Carthage sont réunies à celle de Rome.

Dans quel siècle fut détruite la ville de Numance? — Combien d'années après Carthage?

GRÈCE. — **En quelle année les Romains pénétrèrent-ils pour la première fois dans la Gaule transalpine * ?**

Dans quel siècle eut lieu la guerre contre Jugurtha?

PREMIER SIÈCLE AVANT J.-C. **

88, etc. — **Dans quel siècle eut lieu la guerre contre Mithridate? — Qu'était-ce que Mithridate? — Ce prince régna-t-il** *avant* **ou** *après Alexandre?*

Quelle fut l'époque des guerres civiles et des proscriptions de Marius et de Sylla?

60. — **En quelle année parut CÉSAR? — Quels personnages composèrent le** *premier triumvirat?*

En quelle année César commença-t-il la conquête des Gaules? — A quelle distance l'un de l'autre vécurent Alexandre et César? (*Trois siècles environ.***) — Annibal vécut-il avant ou après César?**

An 44. — **Comment mourut César? — En quelle année? — Quel jugement Napoléon a-t-il porté de César?**

----

* On appelait *Gaule cisalpine* celle qui était en Italie en deçà des Alpes, et *Gaule transalpine* celle qui était *au-delà* des Alpes. Ce pays est aujourd'hui la France.

** On doit dire plutôt *dernier siècle* avant J.-C.

43. — A quelle époque parut *Octave?* — Quel nom lui fut donné plus tard?

De qui fut composé le second triumvirat? — Quelle bataille décisive fùt livrée entre Octave et Antoine? — En quelle année AUGUSTE fut-il proclamé empereur?

Combien avait duré le gouvernement républicain? — Quel gouvernement le remplaça?

On pourra terminer cet exercice par des questions détachées, prises indistinctement dans chaque siècle; on demandera, par exemple : Dans quel siècle Rome fut-elle assiégée par les Gaulois? — Dans quel siècle commencèrent les guerres puniques? etc. — Dans quel siècle vécurent Périclès? — Alexandre? — César? — Annibal? — Pyrrhus? — Mithridate, etc., etc.

Afin de s'assurer que *la comparaison* entre différens peuples n'a pas occasionné de confusion dans l'esprit des élèves, on ajoutera aux questions ci-dessus indiquées, les questions suivantes :

A quel pays ou à quel peuple appartiennent Périclès? — César? — Alexandre? — Annibal? etc. On pourra demander encore dans quel pays s'est passé tel ou tel événement? — Est-ce à Rome? — En Grèce? — A Carthage? etc.

Si l'élève répond exactement à ces différentes questions, on sera certain qu'il n'a pas confondu les différentes histoires qui lui ont été présentées *ensemble* dans le tableau comparé.

Il sera indispensable de bien connaître ce tableau avant de commencer ce dernier exercice.

FIN DE LA DEUXIÈME ÉPOQUE. — (RÉPUBLIQUE.)

11.

OBSERVATIONS

sur l'étude de la troisième époque.

(LES EMPEREURS.)

L'histoire des empereurs, à l'exception d'un petit nombre de règnes, présente une confusion de noms, de faits, de dates souvent sans importance et qui, trop rapprochés dans un livre élémentaire, ne peuvent se classer dans la mémoire ou la surchargent inutilement. On pourrait donc se borner à *lire* cette troisième partie sans l'apprendre par cœur. Peut-être serait-ce un moyen de mieux retenir les deux premières époques, que la troisième pourrait faire oublier. Le maître en décidera. *

Les tableaux placés en tête de chaque siècle présenteront, dans l'ordre chronologique, les nombreux souverains qui régnèrent à Rome pendant la durée de cette troisième époque. Quelques noms en plus GROS CARACTÈRES appelleront l'attention sur les princes dont l'histoire offrant plus d'intérêt mérite d'être étudiée avec plus de soin.

Des *exercices* se trouvent à la fin de chaque siècle ; il suffira d'avoir examiné le *tableau* de ce même siècle pour être en état de répondre aux questions qui y sont indiquées.

---

* L'histoire des empereurs romains a été retracée avec plus ou moins d'étendue, selon que chaque règne avait plus ou moins d'importance ; il en est plusieurs pour lesquels quelques mots ont suffi.

COMPOSITION DES TABLEAUX SÉCULAIRES

DE LA TROISIÈME ÉPOQUE.

(Voyez le tableau, page suivante.)

Depuis la NAISSANCE DE JÉSUS-CHRIST, sous le règne d'Auguste, on date d'après *l'ère chrétienne ou vulgaire.*

Dans la première colonne du tableau se trouve le nom de chaque empereur, avec l'indication de son caractère, et quelquefois du genre de sa mort, si cette mort n'est pas naturelle.

Les faits principaux sont présentés dans la colonne suivante.

La troisième époque de l'histoire romaine comprend cinq siècles environ, de l'année 29 *avant Jésus-Christ*, à l'an 476 *après Jésus-Christ.*

Chacun de ces siècles a été caractérisé, soit par les qualités des monarques, soit par les grandes révolutions de leur empire.

Le premier siècle de l'ère chrétienne est *le siècle d'Auguste*, si remarquable par la renaissance des lettres et des arts. Ce siècle, toutefois, présente une affreuse tyrannie sous Tibère, Caligula, Néron, etc.

Le deuxième siècle est celui de *Trajan et des Antonins*. Rome eut encore des jours de gloire et de bonheur sous le règne de ces trois princes.

Le troisième siècle est celui de *l'anarchie militaire*. Les soldats disposent de la couronne et de la vie des empereurs ; presque tous sont assassinés par les troupes.

Le quatrième siècle est le siècle de *Constantin et des partages*. (Ces partages sont indiqués sur le tableau de ce siècle.)

Le cinquième siècle est le *siècle des invasions*. Les barbares se répandent en Europe, et jettent les fondemens des états modernes.

TABLEAU SÉCULAIRE
DE L'HISTOIRE ROMAINE.

3ᵉ ÉPOQUE. — LES EMPEREURS.

Fin du *dernier* siècle avant J.-C.,
et *premier* siècle après J.-C.

SIÈCLE D'AUGUSTE.

DERNIER siècle av. J.-C.	EMPEREURS.	FAITS principaux.
ANNÉE 29.	AUGUSTE, 1ᵉʳ empereur, protecteur des lettres ; règne glorieux.......	Renaissance des lettres et des arts. — Paix de 12 années.
ÈRE CHRÉT. 1ᵉʳ siècle après J.-C.	*Ère chrétienne.*............	NAISSANCE DE J.-C.

ANNÉES.	EMPEREURS.	FAITS principaux.
14.	Mort d'Auguste.	
14.	Tibère, tyran cruel ; assassiné.	
37.	Caligula, odieux et insensé ; assassiné.	
41.	Claude, inepte et lâche, empoisonné.	Conquête de la Grande-Bretagne.
54.	Néron, fut un monstre sur le trône ; se tue lui-même.................	Incendie de Rome.
68.	Galba, incapable de régner ; assassiné.	
69.	Othon, prince faible, se tue lui-même.	
69.	Vitellius, méprisable et cruel ; ass.	
69.	VESPASIEN, gouverne avec sagesse..	Prise de Jérusalem.
79.	TITUS, excellent prince...........	1ʳᵉ éruption du Vésuve.
81.	Domitien, odieux par sa cruauté ; ass. Il fut le dernier des douze Césars.	
96.	Nerva, règne paisible.	

TROISIÈME ÉPOQUE.

LES EMPEREURS.

FIN DU DERNIER SIÈCLE AVANT J.-C.

AUGUSTE, 1ᵉʳ EMPEREUR ROMAIN*.

De l'année 29 *avant* J.-C. à l'an 14 *après* J.-C.

Nous avons vu OCTAVE, enfant faible et timide, aspirer en secret aux premières dignités de l'état; son ambition grandissant avec lui, il désira plus tard une couronne, et l'obtint au prix du sang et de la liberté d'un grand peuple; devenu possesseur paisible de l'empire du monde, il s'appliqua, sous le nom d'AUGUSTE, à faire oublier *Octave* et les sanglantes proscriptions du triumvirat.

Redoutant l'attachement des Romains aux institutions républicaines, il évite de prendre le titre de roi, et se contente de celui d'empereur, moins odieux à la nation; il offre même d'abdiquer, et

---

* Quoique César ait été empereur de fait, puisqu'il en eût le titre et le pouvoir, la forme du gouvernement ne changea réellement que sous Auguste. C'est pour cette raison qu'il est considéré comme le 1ᵉʳ EMPEREUR ROMAIN. Les princes qui régnèrent depuis César (en le comprenant) jusqu'à Domîtien, furent appelés *les douze Césars.*

semble conserver le pouvoir malgré lui. Enfin, tandis qu'il est maître de l'état et qu'il dispose de tout, il caresse et flatte le peuple, comme s'il eût recherché son appui. Cette politique habile contribua puissamment à consolider son pouvoir; au surplus, il n'en abusa jamais, et les Romains, depuis longtemps, n'avaient été ni mieux gouvernés ni plus heureux.

An 12 avant J.-C. Auguste parcourut différentes provinces de son vaste empire, laissant à Rome *Agrippa*, qui était digne de le remplacer. Partout, sur son passage, il recueillit des témoignages d'amour et de reconnaissance, car le bienfait de son administration s'étendait sur tous les lieux soumis à sa puissance.

Les Scythes et les Indiens, qui jusqu'alors n'avaient eu aucune relation avec les Romains, lui envoyèrent des ambassadeurs.

Renaissance des lettres et des arts. — Ce qui surtout distingue et caractérise le règne d'Auguste, ce sont les progrès immenses que firent à cette époque les lettres et les arts, restés jusque-là dans une sorte d'enfance.

Depuis que Rome avait vaincu la Grèce, elle s'était enrichie, il est vrai, des chefs-d'œuvre dont ce pays célèbre avait été dépouillé; le goût s'était épuré, sans doute, mais sans rien produire encore. Ce fut à cette époque seulement que les talens prirent tout à coup l'essor, sous un protecteur puissant qui récompensait avec magnificence ceux qui les cultivaient avec succès.

Mécène, ministre d'Auguste, seconda ce prince dans sa noble entreprise ; et cette conquête sur l'ignorance les illustra l'un et l'autre plus que ne l'auraient pu faire les plus brillans exploits. De grands résultats couronnèrent ses généreux efforts; on vit fleurir en même temps ou à peu de distance les uns des autres, *Virgile*, *Horace*, *Catulle*, *Ovide*, *Tite-Live*, *Salluste*, et plusieurs autres écrivains illustres.

Cette réunion de talens éminens forme une grande époque dans l'histoire des connaissances humaines, et le siècle qui en fut témoin est encore nommé le SIÈCLE D'AUGUSTE. Ainsi Rome eut son siècle littéraire, comme Athènes, sous *Périclès*, avait eu le sien*.

An 12 av. J.-C. — GUERRE EN GERMANIE. — Agrippa étant mort, Auguste choisit pour le remplacer, Tibère, fils de sa femme Livie; Tibère s'était signalé déjà contre les Pannoniens, les Daces et les Dalmates; il triompha des Germains, peuple libre et belliqueux, qui depuis longtemps donnait des inquiétudes à l'empire.

Le *temple de Janus*, qui jusqu'à Auguste n'avait été fermé que deux fois, le fut alors pour la troisième fois, et l'on jouit de douze années de paix, ce qui, à la honte de l'humanité et pour son malheur, est un phénomène remarquable.

---

* Périclès vivait à Athènes au 5e siècle, quatre siècles environ avant Auguste.

FIN DU DERNIER SIÈCLE AVANT J.-C.

NAISSANCE DE JÉSUS-CHRIST.

(An du monde 4963.)

COMMENCEMENT DE L'ÈRE CHRÉTIENNE*.

1er SIÈCLE APRÈS J.-C.

An 5 *après* J.-C. — CONJURATION DE CINNA. — Depuis plusieurs années, Auguste régnait paisiblement et avec gloire, lorsqu'une conspiration vint menacer sa vie : *Cinna*, petit-fils de Pompée, en était le chef. Le complot est découvert; Auguste ne songe d'abord qu'à exercer sa vengeance, mais les sages conseils de sa femme *Livie* le décident à pardonner. Il fait venir Cinna en sa présence, lui reproche sa perfidie, et au lieu de le punir, il le désigne pour le consulat; le conspirateur, dès ce moment, devint l'ami le plus dévoué du monarque. Auguste dut s'apercevoir alors combien la clémence dans ceux qui gouvernent est préférable à la rigueur.

An 8. — RÉVOLTE EN GERMANIE. — Les Germains, soumis à regret, saisirent avec empresse-

---

* *L'ère chrétienne ou vulgaire commença au* 1er *janvier de l'an de Rome* 754. *Désormais elle servira de règle pour les dates.*

ment l'occasion de se venger ; ils surprirent *Varus*, qui commandait dans leur pays ; trois légions romaines furent taillées en pièces, le général se donna la mort.

A cette nouvelle, l'empereur, désespéré, envoie aussitôt Tibère pour combattre les Germains. En deux campagnes, celui-ci rétablit la tranquillité, et, de retour à Rome, il est associé à l'empire.

An 14. — MORT D'AUGUSTE. — Après un règne glorieux de 44 ans, Auguste mourut dans la 76e année de son âge. *N'ai-je pas bien joué mon rôle?* dit-il à ses derniers momens ; *la pièce est finie, applaudissez.* Peu d'acteurs, en effet, l'ont égalé sur le théâtre de la politique et de l'ambition. Sans avoir des talens supérieurs, nul ne sut mieux que lui tirer parti des circonstances pour arriver à son but. Les conseils d'Agrippa et ceux de Mécène contribuèrent sans doute à l'éclat de son règne ; mais il lui fallut à lui-même et beaucoup d'habileté et beaucoup de prudence pour conserver jusqu'à la mort l'amour d'un peuple qu'il avait dépouillé de son bien le plus précieux, la liberté. Les gens de lettres qu'il favorisa l'ont immortalisé ; leurs éloges, peut-être, ne furent pas exempts de flatterie. Ce règne, toutefois, doit être considéré comme une des époques les plus mémorables de l'histoire, par la révolution qu'il produisit dans les esprits et dans le gouvernement.

TIBERE, 2ᵉ EMPEREUR.

De l'an 14 à l'an 37 après J.-C.

Tibère fut sur le trône un tyran aussi fourbe que sanguinaire. Il dissimula d'abord son penchant à la cruauté et à la perfidie, craignant d'être supplanté par Germanicus, son frère, prince aimable et courageux, que le peuple et l'armée adoraient. Une éclatante victoire, remportée en Germanie par le jeune prince, augmenta pour lui la vénération des Romains et la haine de Tibère.

An 19. — Pour éloigner un objet odieux, l'empereur envoya Germanicus en Asie, où bientôt il fut enlevé par une mort violente. On soupçonna Tibère d'avoir ordonné ce crime.

Libre désormais, et secondé par Séjan, son digne ministre, le tyran impitoyable se livra à toute la férocité de son caractère, et sembla se faire un jeu de la vie des hommes. Séjan, après avoir été l'exécuteur des barbares volontés de son maître, fut sacrifié à son tour.

Odieux à tout ce qui l'entourait, Tibère se retira dans l'île de Caprée, afin de pouvoir se livrer sans contrainte à toutes les fureurs d'une âme cruelle et dépravée.

An 37. — Après avoir immolé tant de victimes, ce monstre fut assassiné lui-même par Macron, préfet des gardes prétoriennes *. Il était tellement

---

* Les gardes prétoriennes étaient les gardes de l'empereur.

abhorré, que le peuple fut sur le point d'insulter à son cadavre.

CAIUS CALIGULA, 3ᵉ EMPEREUR.

De l'an 37 à l'an 41 après J.-C.

An 37. — Caligula, fils de Germanicus, était loin de ressembler à son père ; il se montre plus cruel encore que Tibère. Indigne du nom d'homme, Caligula veut se faire adorer comme un dieu, et par un délire sans exemple, il traite son cheval en favori, et prétend l'élever au consulat.

41. — *Chéréa*, tribun d'une cohorte, délivra Rome de cet insensé. Caligula avait régné quatre ans.

CLAUDE, 4ᵉ EMPEREUR.

De l'an 41 à l'an 54.

41. — Claude, frère de Germanicus, fut proclamé empereur par les soldats. *Messaline*, sa femme, aussi violente et cruelle qu'il était faible et timide, exerça sur lui une funeste influence, et régna sous son nom. Livrée aux plus affreux désordres, elle porta l'impudence jusqu'à épouser publiquement un nommé Silius qu'elle aimait. L'empereur ne put tolérer un tel scandale, et la fit assassiner.

Il épousa ensuite *Agrippine*, sa nièce, veuve de Domitien et mère de Néron.

Celte femme artificieuse et perfide eut bientôt tout pouvoir sur l'esprit de Claude; elle lui fit adopter Néron, au préjudice de Britannicus son fils.

54. — MORT DE CLAUDE. — Le regret que montra l'empereur de l'injustice qu'il avait commise fut son arrêt de mort : Agrippine le fit empoisonner pour éviter ses justes reproches. Claude était âgé de soixante-trois ans, et en avait régné treize.

NÉRON, 5e EMPEREUR.

De 54 à 68.

54. — Néron, fils de Domitien et d'Agrippine, était l'élève du philosophe Sénèque. Les commencemens de son règne donnèrent quelques espérances qui furent loin de se réaliser. Jamais tyran plus cruel n'occupa le trône : Britannicus, son frère, lui portait ombrage, il fut assassiné. Sa mère, Agrippine, qui avait tout sacrifié pour lui, fut sacrifiée à son tour : il la fit mourir ainsi que plusieurs de ses parens, et un grand nombre des plus illustres Romains. *Sénèque* lui-même ne fut pas épargné.

64. — Néron incendia la ville de Rome, pour l'horrible plaisir de la voir brûler, et en même temps pour avoir un prétexte de faire rebâtir une

ville plus belle et plus régulière que celle qui existait alors.

Les chrétiens s'étaient multipliés en Italie, Néron les persécuta. Les ayant accusés injustement de l'incendie de Rome, il en fit périr un grand nombre dans des supplices affreux.

Ce prince, joignant la folie à la cruauté, parcourut la Grèce à la tête d'une armée de baladins; il se montra dans tous les jeux, gagna, dit-on, dix-huit cents couronnes, et revint triomphant en Italie.

Accablé de mépris et de haine, une conspiration générale se forma contre lui, et le sénat le déclara ennemi de la patrie. N'osant se donner la mort lui-même, il se fit poignarder par un affranchi, pour échapper à la vengeance publique. Il mourut ainsi à l'âge de trente ans, laissant à la postérité un nom à jamais en horreur, et qui semble exprimer tous les crimes. C'était le dernier empereur de la famille d'Auguste.

Qu'étaient devenus les beaux jours de Rome et les héros qui l'avaient illustrée?...

GALBA, 6ᵉ EMPEREUR.

De 68 à 69.

Galba, gouverneur d'Espagne, fut proclamé empereur à l'âge de 63 ans. Il ne fit que paraître sur le trône, et ne fut ni regretté ni regrettable. Sa grande sévérité, sa mauvaise administration,

et surtout son extrême avarice, lui avaient attiré
en peu de temps un grand nombre d'ennemis.
Une révolte éclata contre lui ; il fut massacré après
sept mois de règne.

OTHON, 7ᵉ EMPEREUR.

Règne 3 mois en 69.

VITELLIUS, 8ᵉ EMPEREUR.

Règne 8 mois en 69.

Ces deux empereurs furent proclamés en même
temps, l'un à Rome, l'autre en Allemagne. Othon,
contraint de céder l'empire à Vitellius, se donna
la mort. Vitellius, renversé à son tour, fut massacré ; son corps fut jeté dans le Tibre.

VESPASIEN, 9ᵉ EMPEREUR.

De 69 à 79.

Après tant de princes cruels ou incapables, un
monarque plus digne de l'empire se présente enfin:
sage, modeste, laborieux, appliqué sans cesse aux
soins du gouvernement, Vespasien pensait qu'un
roi doit avant tout s'occuper du bien public. Il
triompha dans la Grande-Bretagne, en Germanie,
et soumit les Gaulois révoltés. Mais l'événement

le plus important de son règne fut la PRISE DE JÉRUSALEM, par Titus son fils.

Les Juifs, par leurs révoltes continuelles, s'étaient attiré une éclatante vengeance. Titus, après avoir tenté vainement toutes les voies de douceur, prit la ville d'assaut. Le temple fut livré aux flammes.

79. — MORT DE VESPASIEN. — Ce prince emporta au tombeau les regrets du peuple romain, qui n'avait à lui reprocher que son amour excessif pour l'argent.

TITUS, 10ᵉ EMPEREUR.

De 79 à 81.

79. — Titus, fils de Vespasien, le remplaça sur le trône ; sa rare bonté, sa bienveillance infinie, le firent surnommer *les délices du genre humain*. Nul, en effet, ne connut mieux que lui les devoirs de la royauté ; il regardait comme inutile le jour où il n'avait fait de bien à personne : *Mes amis*, disait-il alors, *j'ai perdu ma journée !*

Aussi clément que bon et généreux, il pardonnait sans effort, et son règne ne fut jamais souillé du sang romain. Son frère, le farouche Domitien, était son ennemi le plus ardent ; il eut part luimême à ses bienfaits. Deux patriciens, convaincus de conspiration, venaient d'être condamnés par le sénat au dernier supplice ; Titus les admit à sa table et les traita avec bonté. Se montrer si grand si généreux, n'était-ce pas, en effet, le moyen le plus sûr pour ramener ses ennemis et prévenir ainsi les attentats contre son gouvernement et sa personne?

79. — Un des principaux événemens de ce règne fut l'éruption du mont Vésuve: deux villes entières, *Herculanum* et *Pompéia*, furent englouties, et disparurent sous les cendres.

Pline, le naturaliste, voulant examiner de près les effets de l'irruption, mourut victime de sa curiosité.

81. — MORT DE TITUS. — Le règne heureux de Titus eut trop peu de durée. Cet excellent prince mourut âgé de 40 ans; il n'avait occupé le trône que deux années.

DOMITIEN, 11e EMPEREUR.

De 81 à 96.

81. — Rome n'avait respiré un moment sous Vespasien et Titus, que pour retomber sous les lois d'un monstre qui devait longtemps l'opprimer.

Domitien, frère de Titus, surpassa en cruauté et en bassesse Néron, Tibère et Caligula. Autant Titus avait mérité l'amour et l'estime de ses peuples, autant Domitien s'attira leur haine et leur mépris. Des proscriptions comme on n'en vit jamais le rendirent odieux. Dans les guerres qu'il entreprit il n'eut que des revers ; ce qui ne l'empêcha pas de se faire décerner les honneurs du triomphe.

Pendant ce temps, son lieutenant *Agricola*, beau-père de l'historien Tacite, s'illustrait par ses exploits dans la Grande-Bretagne et dans la Calédonie*.

Domitien, jaloux de sa gloire, le rappela. S'étant attiré une haine générale, ce prince cruel fut assassiné dans son propre palais. Son nom, odieux à la postérité, restera placé à jamais à côté de celui de Néron.

Domitien fut le dernier des douze Césars**.

NERVA, 12ᵉ EMPEREUR.

De 96 à 98.

Nerva parvint au trône dans un âge avancé ; sa meilleure action fut d'adopter Trajan, homme supérieur et digne au moins de gouverner.

Nerva mourut après deux années d'un règne heureux, et qui prépara un autre règne plus heureux encore.

---

* Aujourd'hui l'Écosse. (Voir la carte.)

** Depuis cette époque, le nom de *César* et celui d'*Auguste* furent une dignité. On appelait *Auguste* le prince qui gouvernait, et *César* le lieutenant de l'empereur, c'est-à-dire celui qu'il associait à l'empire et qui gouvernait en son nom.

Ici se termine le règne des douze Césars.

EXERCICES

SUR LE 1er SIÈCLE APRÈS J.-C.,

et la fin du dernier siècle avant J.-C.

DERNIER SIÈCLE AVANT J.-C.

An 29 avant J.-C. — En quelle année commence la troisième époque de l'histoire romaine, c'est-à-dire le règne des empereurs? — Quel fut le premier empereur romain? (Auguste.) — César, cependant, ne porta-t-il pas ce titre? — Que fit Auguste pour affermir son pouvoir? — En quoi son règne est-il une époque si remarquable? — Ce règne commença-t-il et finit-il dans le même siècle?

PREMIER SIÈCLE APRÈS J.-C.

A quelle époque commence l'ère chrétienne? (A la naissance de J.-C.) — Sous quel prince?

An 14. — Quel fut le successeur d'Auguste? — Quel était le caractère de Tibère? — Comment mourut Germanicus? — Où Tibère s'était-il retiré? — Fut-il regretté du peuple?

An 37. — Caligula était-il digne du trône? — Comment mourut-il?

An 44. — Claude. — Quel était le caractère de ce prince? — Quelles furent ses conquêtes? — Quelles femmes épousa-t-il successivement? — Comment mourut Messaline? — Comment Claude mourut-il lui-même? — Qui fut accusé de sa mort?

An 54. — Comment Néron parvint-il au trône? — De qui était-il l'élève? — Quelle fut sa conduite? —

Ne fut-il pas abhorré des peuples ? — Quelle ville fut incendiée sous son règne et par ses ordres? — Dans quel but? — Qu'arriva-t-il aux chrétiens? — Comment mourut Néron?

An 68. — Quel était le caractère de Galba? — Comment mourut-il?

Quel fut l'événement le plus remarquable du règne de Vespasien? — Quel prince régna après lui et fut l'idole des Romains? — Citez quelques mots ou quelques actions de Titus.

Quel prince fut le dernier des *douze Césars?* — Quels furent les exploits d'Agricola, lieutenant de Domitien?

Quels furent les princes remarquables pendant la durée du premier siècle après J.-C.? *

Comment désigne-t-on le *premier siècle?*

---

* Les noms en plus gros caractères *sur le tableau*, indiquent les princes les plus remarquables, c'est-à-dire les meilleurs.

TABLEAU SÉCULAIRE
DE L'HISTOIRE ROMAINE.

Suite de la 3e époque. — (LES EMPEREURS.)

2e SIÈCLE APRÈS J.-C.

SIÈCLE DE TRAJAN ET DES ANTONINS.

2e SIÈCLE. — ANNÉES.	EMPEREURS.	FAITS principaux.
*	TRAJAN, 13e emper. ; grand prince ; illustre guerrier	Conquêtes en Asie. etc. Les peuples heureux.
117.	Adrien ; règne avec sagesse	Jérusalem rebâtie.
138.	ANTONIN, excellent prince.	
161.	MARC-AURÈLE, prince philosophe . . .	Guerre des Marcomans , peuples barbares.
180.	Commode, aussi lâche que cruel ; empoisonné	Achète la paix des barbares.
193.	Pertinax ; règne trois mois ; assassiné par ses soldats	Révolte des troupes.
193.	Julien ou Julianus ; règne deux mois ; condamné à mort par le sénat.	
193.	Septime-Sévère, conquérant, mais cruel	Victoires sur les Parthes et les Bretons.

* L'astérisque placé au lieu d'une date avant le nom d'un prince, indique qu'il a commencé à régner dans le siècle précédent.

2e SIÈCLE APRÈS J.-C.

SIÈCLE DE TRAJAN ET DES ANTONINS.

TRAJAN, 13e EMPEREUR.

De 98 à 117. *

98*. — Trajan, juste et vertueux, doit être considéré comme un des plus grands princes qui aient gouverné l'empire romain. Se croyant le chef, et non le maître de l'état, il jura d'observer les lois, et ne voulut se distinguer des sénateurs que par une plus grande assiduité au travail.

Les peuples, chaque année, faisaient des vœux pour le souverain ; Trajan y ajouta cette condition expresse : *S'il gouverne bien pour l'avantage de tous.*

103. COLONNE TRAJANE. — A son retour d'une glorieuse expédition contre les Daces, Trajan fit élever la superbe colonne qui porte son nom, et qui est considérée comme un des plus merveilleux efforts de l'architecture.

De 104 à 106.—EXPÉDITION EN ASIE ET EN AFRI-QUE. — Trajan, par ses conquêtes, ajouta beau-

---

* Trajan régna dans le premier et le deuxième siècle ; il est considéré comme appartenant au deuxième siècle.

coup à l'étendue de l'empire. Après avoir réduit en provinces romaines l'Arménie, la Syrie, la Mésopotamie et l'Arabie*, il revint à Rome couvert de sa gloire, et se fit admirer par sa modération autant que par ses exploits.

117. — MORT DE TRAJAN. Les peuples qu'il avait vaincus s'étant révoltés quelques années après, il les soumit de nouveau, et mourut au retour de cette dernière expédition. Il était âgé de soixante-quatre ans, et en avait régné dix-neuf. Rome, dont il avait fait la gloire et le bonheur, lui donna des regrets mérités. Ses cendres, enfermées dans une urne d'or, furent placées sous la colonne trajane.

Sous ce règne fleurirent *Pline* le jeune, *Juvénal*, *Tacite* et *Plutarque*.

Il est à remarquer que les grands talens en tous genres paraissent presque toujours au même moment que les grands princes, comme si la tyrannie, en comprimant le génie, l'empêchait de prendre l'essor. *Siècle heureux*, disait Tacite en parlant du règne de Trajan, *siècle heureux! où il est permis de penser ce qu'on veut et de dire ce qu'on pense!*

ADRIEN, 14ᵉ EMPEREUR.

De 117 à 138.

117. — Envieux de la gloire de son prédéces-

---

* Voir la carte.

scur, Adrien chercha à en détruire les monumens. Il abandonna les provinces que Trajan avait conquises, et voulut que l'Euphrate servît de bornes à l'empire.

121. — Il fit construire un mur de trente lieues, au nord de la Grande-Bretagne, pour séparer les Romains des peuples qui n'étaient pas soumis à leur domination.

130, etc. — Les Juifs s'étant révoltés de nouveau contre les Romains, Adrien parvint à les soumettre, et la punition des rebelles fut terrible. La plupart furent exterminés, le reste fut vendu et dispersé dans le monde.

L'empereur fit reconstruire Jérusalem.

438. — MORT D'ADRIEN. — Ce prince n'ayant pas d'enfans, adopta Antonin, et ne pouvait choisir un plus digne successeur. Il mourut dans la 62e année de son âge, après avoir régné vingt et un ans.

ANTONIN, 15e EMPEREUR.

De 138 à 161.

A peine ANTONIN parut-il sur le trône, qu'il se fit adorer des Romains par sa générosité et sa clémence. Une conspiration contre sa personne avait été découverte; il ne permit point qu'on en recherchât les auteurs. *Quel serait mon malheur, dit-il, si l'on venait à découvrir que je suis haï d'un grand nombre de mes concitoyens !*

Attentif à maintenir les bornes de son empire,

il ne chercha point à les étendre, et sut éviter la guerre. Il avait pour ses sujets la tendresse d'un père, et répétait souvent ces belles paroles de Scipion l'Africain : *J'aime mieux conserver un citoyen que de tuer mille ennemis.*

Il regardait son propre bien comme celui de la république. Sa femme, Faustine, lui reprochant un jour de prodiguer son patrimoine pour épargner le trésor : *Je n'ai plus de propriété*, répondit-il, *depuis que je suis parvenu à l'empire.*

161. — MORT D'ANTONIN. — Cet excellent prince mourut, généralement regretté, à l'âge de soixante-treize ans. Son règne pacifique fournit peu de matériaux à l'histoire; mais les peuples furent heureux, c'est le plus bel éloge d'un prince. La mémoire d'Antonin fut tellement révérée, que pendant près d'un siècle tous les empereurs romains se firent gloire de porter son nom. Que ne put-il, avec ce nom, leur transmettre aussi ses vertus! Mais bien peu l'imitèrent sur ce point.

MARC-AURÈLE, 16e EMPEREUR.

De 161 à 180.

161. — MARC-AURÈLE, désigné par Antonin, était digne de lui succéder. Il associa à l'empire Lucius-Vérus, son frère adoptif. Les deux princes partagèrent la puissance pour l'exercer en commun.

Modèle de toutes les vertus, ce roi philosophe fit

le bonheur des peuples soumis à sa domination : il joignait aux qualités d'un excellent prince les talens d'un grand capitaine, et s'illustra par ses nombreux exploits.

166, etc. — Il triompha d'abord en Germanie et en Pannonie. (*Vérus* mourut dans cette dernière expédition.)

169. — Il entreprit ensuite la guerre des *Marcomans*, peuple barbare, et les soumit après trois années d'une lutte sanglante.

180. — Marc-Aurèle mourut en Pannonie, où la guerre l'avait rappelé ; il avait régné dix-neuf ans. Nul ne posséda mieux que lui l'art de gouverner. Pénétré de ses devoirs, ne respirant que justice et humanité, ce prince, vraiment philosophe, ne voyait de bonheur que dans l'exercice des vertus. On ne put lui reprocher que trop d'indulgence pour les fautes de Commode, son fils, qui devait être un jour le fléau des Romains. Il montra en même temps trop de sévérité pour les chrétiens, qui souvent furent persécutés sous son règne.

Avec les *deux Antonins* finissent les beaux jours de l'empire ; les princes qui régnèrent ensuite joignirent les vices à l'incapacité.

COMMODE, 17e EMPEREUR.

De 180 à 193.

180. — Aussi lâche que cruel, Commode ensanglanta le trône que son père avait illustré. S'étant

rendu odieux par sa tyrannie, il fut empoisonné par une femme nommée Marcia, qui redoutait pour elle-même ses barbares vengeances.

A l'âge de 31 ans, Commode avait surpassé Néron en cruauté et en scélératesse.

PERTINAX, 18ᵉ EMPEREUR.

193. — *Régna 3 mois.*

Les Romains crurent renaître en passant du gouvernement de Commode à celui de Pertinax. Le nouvel empereur était un vieillard d'une naissance obscure, et qui avait dû sa fortune à son mérite et aux services rendus à son pays. Il désirait sincèrement le bonheur du peuple, et voulut l'assurer par des réformes utiles ; mais ayant tenté de rétablir la discipline des troupes, les prétoriens* se révoltèrent contre lui, et il fut assassiné dans son palais après trois mois de règne.

Cette révolte des troupes doit être considérée comme un grand événement, par l'influence qu'elle eut pour la suite. Dès ce moment l'empire fut en quelque sorte remis aux mains des soldats, qui, pendant plus d'un siècle, disposèrent à leur gré de la couronne.

---

* Soldats de la garde de l'empereur.

JULIEN ou JULIANUS DIDIUS, 19e EMPEREUR.

193. — *Régna 2 mois et quelques jours.*

Les soldats meurtriers de Pertinax *vendent* l'empire à Julianus, homme distingué par sa naissance ; le sénat confirme cet infâme marché.

Le nouvel empereur est bientôt renversé. Septime Sévère, homme ambitieux, qui commandait en Italie, marche vers Rome, et se fait proclamer. Julien est condamné à mort par le sénat : il avait régné soixante-six jours.

SEPTIME SÉVÈRE, 20e EMPEREUR.

De 193 à 211.

Nota. Sévère régna dans le deuxième et le troisième siècle.

Niger, gouverneur de Syrie, avait été proclamé empereur par les troupes. Septime Sévère, qui joignait à beaucoup d'ambition beaucoup d'adresse, se fit proclamer lui-même par les légions d'Italie.

Parvenu au trône par l'intrigue, il chercha à s'y maintenir par la force, et bientôt il se fit redouter du peuple et du sénat.

Secondé de son ministre *Plautien*, il fit périr tous ceux qui lui portaient ombrage, et dont les dépouilles pouvaient enrichir l'état.

194, etc.—EXPLOITS DE SÉVÈRE.—Après avoir détruit en Asie le parti de Niger, Sévère forma de nouvelles entreprises ; il triompha successivement sous les murs de Byzance, dans les Gaules et dans la Grande-Bretagne. Il était encore dans ce pays, lorsque Caracalla, son fils, qui l'avait accompagné, forma un complot pour le détrôner, et poussa la fureur jusqu'à tenter un parricide. Il échoua dans cette horrible entreprise ; mais la douleur qu'en éprouva son père hâta la fin de ses jours. Il mourut à York, en Angleterre, dans la 66e année de son âge.

Ce prince offrit une réunion bizarre de vices, de vertus et de grands talens ; il aimait les lettres, et avait écrit en latin les mémoires de sa vie.

On doit remarquer toutefois, que déjà à cette époque le génie manquait d'émulation, les bons modèles étaient négligés, et qu'en un mot, tout annonçait la décadence du goût.

EXERCICES

SUR LE 2ᵉ SIÈCLE APRÈS J.-C.

Siècle de Trajan et des Antonins.

Comment désigne-t-on le deuxième siècle ?

Quel fut le premier empereur de ce siècle ? — Trajan n'avait-il pas commencé à régner dans le siècle précédent ? (En 98.) — Quelles furent les qualités de Trajan ? — Quelles furent ses conquêtes ? — Quel monument fit-il élever ? — Fut-il regretté des Romains

An 117. — *Adrien.* — Quel prince succéda à Trajan? — Que peut-on remarquer sous son règne? — Quelle ville fit-il reconstruire?

An 138. — *Antonin.* — Quelles furent les qualités de ce prince? — Fut-il aimé des peuples, et les peuples furent-ils heureux sous son règne?

An 161. — *Marc-Aurèle.* — En quoi ce prince fut-il célèbre? — Comment gouverna-t-il? — A quels peuples fit-il la guerre? — Ne fut-il pas vraiment philosophe?

Quel prince fut assassiné par les troupes? (Pertinax.) *L'anarchie militaire* commença donc dès ce moment? — Quel fut le dernier empereur du deuxième siècle? — Comment gouverna *Septime Sévère*? — Fit-il la guerre, et à qui?

Quels furent les empereurs les plus remarquables du deuxième siècle?

TABLEAU SÉCULAIRE
DE L'HISTOIRE ROMAINE.

Suite de la 3e époque. — (LES EMPEREURS.)

3e SIÈCLE.

Siècle de troubles et d'anarchie militaire *.

3e SIÈCLE. — ANNÉES.	EMPEREURS.	FAITS principaux.
211.	Caracalla, 21e empereur; cruel, insensé; assassiné.	
217.	Macrin, assassiné par les troupes.	
218.	Héliogabal, tyran, ass. par les troupes.	
222.	ALEXANDRE SÉVÈRE, prince sage et courageux ; ass. par les troupes.	1re guerre contre les Perses. *Époque de décadence, anarchie des troupes.*
235.	Jules Maximin, assassiné.	
237.	Maximin-Balbin, assassiné.	
238.	Gordien, assassiné.	
242.	Philippe, tué en combattant.	
249.	Décius, persécute les chrétiens.	
254.	Gallus, usurpateur.	
254.	Émilien, détrôné.	
255.	Valérien.	Prisonnier en Perse.
260.	Gallien.	Incursion des Barbares.
268.	Claude II, prince estimable.	
270.	AURÉLIEN, guerrier illustre.	Défaite de Zénobie, reine de Palmyre.
275.	Tacite, assassiné.	Victoires sur les Barbares.
276.	Probus, assassiné.	
282.	Carus, assassiné.	
284.	DIOCLÉTIEN, grand prince, il abdique.	Guerre contre les Perses et les Barbares.

* La plupart des princes qui régnèrent dans le 3e siècle méritent à peine d'être connus de noms.

SUITE DE LA TROISIÈME ÉPOQUE.

LES EMPEREURS.
3ᵉ SIÈCLE.
Siècle de troubles et d'anarchie militaire.

CARACALLA, 21ᵉ EMPEREUR.
De 211 à 217.

211. L'odieux Caracalla commence dignemement la série des princes incapables ou insensés, qui, pendant la durée de ce siècle, devaient paraître sur le trône. Après avoir causé la mort de son père, il fait assassiner son frère Géta, qui devait régner avec lui, et gênait ainsi son ambition.

Souillé de ce crime, il ne met plus de bornes à sa cruauté et à son despotisme ; les amis de Géta, les sénateurs les plus illustres, vingt mille personnes enfin, sont enveloppées dans cet affreux carnage.

Les expéditions militaires de ce prince attestent sa folie. Il veut imiter Alexandre, et se croit lui-même un héros ; mais ses expéditions ridicules en Europe, en Asie, en Afrique, ne servent qu'à mettre en évidence sa lâcheté. Sans avoir vaincu, ni même vu les Parthes, il se décora du titre de *Parthique*.

217. MORT DE CARACALLA. — Ce prince fut as-

sassiné par Macrin, préfet du prétoire, que lui-même avait voulu faire périr et qui le prévint.

MACRIN, 22ᵉ EMPEREUR.

De 217 à 218.

Macrin, proclamé par les troupes, est bientôt renversé. Mœsa, femme ambitieuse, voulait porter au trône Héliogabal, son fils, parent de Caracalla. Macrin veut s'opposer à cette entreprise, mais il est assassiné par les troupes même qu'il avait destinées à combattre les rebelles.

HÉLIOGABAL, 23ᵉ EMPEREUR *.

De 218 à 222.

218. — Empereur à l'âge de quatorze ans, Héliogabal surpasse bientôt en cruauté les Néron et les Domitien; il fait périr tous ceux qu'il soupçonne d'avoir été attachés à Macrin, et n'épargne pas même Gannys, son gouverneur, auquel il devait en partie son élévation; il le tue de sa propre main.

Indigne de gouverner, il se couvre de honte par les institutions les plus ridicules et les désordres les plus honteux. *Alexandre Sévère*, son parent

---

* Il établit un sénat de femmes pour prononcer sur les modes, les ameublements, les voitures et autres futilités.

et le constant objet de sa haine, prétendait lui-même au trône : les prétoriens se déclarent pour Alexandre, et font mourir Héliogabal. Il n'avait alors que dix-huit ans; une si courte existence avait été souillée de tous les crimes.

ALEXANDRE SÉVÈRE, 24e EMPEREUR.

De 222 à 235.

Après tant de princes insignifians ou cruels, le trône est enfin occupé par un monarque digne de ce nom. Le nouvel empereur met tous ses soins à faire oublier le malheur des règnes précédens; il s'attache à rétablir la discipline de l'armée. Mais ce qui contribua surtout à l'éclat comme au bonheur de son règne, c'est qu'il eut toujours pour principe de ne confier les emplois qu'à ceux qui en étaient dignes. Il méprisait le lâche qui vendait ses services, et plus encore celui qui l'achetait.

232. — EXPÉDITION EN ASIE. — Le roi de Perse, Artaxerxès, après avoir triomphé des Parthes, ose déclarer la guerre aux Romains. Alexandre passe en Asie pour le combattre : selon les uns, il fut défait; selon les autres, il remporta une victoire éclatante; telle est l'incertitude où nous jettent souvent les récits opposés des historiens.

235. — EXPÉDITION EN GERMANIE. — Les Gaules étaient continuellement exposées aux ravages des Germains. Alexandre, voulant mettre un terme à

ce désordre, passe en Germanie; mais il ne put achever cette expédition, il fut assassiné par ses soldats, dont un traître, nommé Maximin, avait fomenté la rébellion pour usurper l'empire. Sévère emporta les regrets de la nation, et il en était digne. Possédant lui-même des qualités et des talens remarquables, il avait pour le mérite en général une vénération si profonde, qu'il rendait une espèce de culte aux hommes distingués dans tous les genres et dans tous les pays.

Ce règne est en quelque sorte le terme de la gloire et de la prospérité de l'empire romain. A dater de cette époque, tout semble tomber dans un affreux chaos, l'anarchie est plus violente que jamais, les princes ne paraissent sur le trône où les placent les soldats, que pour être assassinés bientôt après par ces mêmes soldats, qui disposent à leur gré de la couronne.

Ces empereurs, en général, semblent peu dignes d'un meilleur sort; quelques bons princes cependant paraissent de loin en loin et sont eux-mêmes sacrifiés pour avoir voulu remédier aux désordres. Pendant ce temps, les peuples barbares profitent de l'état de faiblesse où est tombé l'empire pour venir l'attaquer; les Romains dégénérés sont incapables de se défendre au dehors, et de réprimer au dedans l'affreux désordre qui y règne; désormais sans force et sans énergie, ils ne savent plus que se courber sous le joug des tyrans.

Dans un espace de trente-cinq ans, on voit dix empereurs, et un plus grand nombre d'usurpateurs, se disputer l'empire, sans qu'aucun fasse rien pour le mériter. Il nous suffira de parcourir rapidement les règnes ou prétendus règnes de ces fantômes de princes qui, depuis Alexandre jusqu'à Aurélien, occupèrent le trône qu'avait fondé Auguste.

JULES MAXIMIN, 25e EMPEREUR.

De 235 à 237.

235. — Maximin se rend odieux par sa férocité; proclamé par les troupes, il est assassiné par elles après deux ans de règne.

MAXIME ET BALBIN,

FORMANT ENSEMBLE LE 26e EMPEREUR.

De 237 à 238.

237. — Maxime et Balbin ne paraissent sur le trône que pour en être renversés; ils sont assassinés tous deux par les troupes, qui reconnaissent Gordien.

GORDIEN, 27º EMPEREUR.

De 238 à 242.

Avec de bonnes intentions, ce jeune prince ne put rétablir l'ordre ni faire le bien dans un état aussi fortement ébranlé que l'était l'empire romain.

242. — Gordien fit la guerre à *Sapor*, roi de

Perse. Il avait obtenu quelques avantages, lorsqu'il fut assassiné par un Arabe nommé Philippe, qui lui succéda.

PHILIPPE, 28e EMPEREUR.

De 242 à 249.

Cet usurpateur conclut la paix avec Sapor. Pendant ce temps, Dèce ou Décius se fait proclamer. Les deux princes se disputent l'empire ; Philippe, plus heureux que ses prédécesseurs, meurt du moins en combattant.

DÈCE ou DÉCIUS, 29e EMPEREUR.

De 249 à 254.

249.— DÉCIUS REMPLACE PHILIPPE.—Les Goths, peuple barbare, avaient fait une irruption dans l'empire ; Dèce marcha pour les combattre, et perdit la vie dans cette entreprise. Un traître, nommé Gallus, l'entraîna dans une embuscade où il périt.

Sous ce règne il y eut une grande persécution contre les chrétiens.

GALLUS, 30e EMPEREUR.

De 254 à 255.

254. — Usurpateur du trône, Gallus fut bientôt renversé lui-même par Emilien, qui s'était fait reconnaître dans la Mésie, province romaine.

ÉMILIEN, 31ᵉ EMPEREUR.

Règne en 255.

255. — Emilien, comme son prédécesseur, paraît sur le trône pour en être renversé bientôt après.

VALÉRIEN, 32ᵉ EMPEREUR.

De 255 à 260.

Valérien, proclamé empereur, reçoit le titre d'*Auguste*, et son fils Gallien celui de *César*.

Malheureux dans les guerres qu'il entreprit, Valérien fut battu d'abord par les Germains ; il tomba ensuite au pouvoir de Sapor, roi de Perse, et mourut dans la captivité, traité comme un vil esclave.

GALLIEN, 33ᵉ EMPEREUR.

De 260 à 268.

360. Gallien, fils de Valérien, succéda à son père. Le faible monarque gouverna si peu et si mal, que sur plusieurs points de son empire on proclama de nouveaux empereurs, sans qu'il cherchât à défendre ses droits : il ne songeait pas davantage à repousser les barbares qui faisaient sans cesse de nouvelles incursions, lorsque enfin, révoltés de sa conduite, deux de ses meilleurs capitaines, Marcius et Claude, en délivrèrent le peuple romain.

13.

CLAUDE II, 34ᵉ EMPEREUR.

De 268 à 270.

Claude, prince estimable, est proclamé par les troupes, malgré l'opposition d'un grand nombre de prétendans.

269. — Les Goths s'étaient rendus redoutables ; Claude prend les armes et remporte sur les barbares une victoire décisive.

270. — Ce prince fut enlevé par une maladie contagieuse. En reconnaissance de ses services et de son administration sage et paternelle, le sénat lui fit ériger dans le Capitole une statue d'or et un bouclier de même métal.

AURÉLIEN, 35ᵉ EMPEREUR.

De 270 à 275.

270. Fils d'un paysan de Sirmium, Aurélien dut son élévation, non à l'intrigue et à la violence, mais à ses talens et à sa valeur.

272. — GUERRE CONTRE ZÉNOBIE. — Après avoir triomphé des barbares, Aurélien va combattre en Orient ZÉNOBIE, reine de Palmyre, qui avait envahi l'Egypte, la Cappadoce et la Bithynie : ambitieuse et pleine de courage, cette héroïne méditait la conquête de l'empire romain.

Aurélien s'oppose à ses entreprises ; il défait son

armée et l'assiége elle-même dans Palmyre. Après une longue résistance, cette ville est contrainte de céder. Zénobie, arrêtée dans sa fuite, fut amenée en présence de l'empereur, qui lui accorda la vie par estime pour ses talens et son courage.

274. — Les Gaulois révoltés avaient reconnu pour chef *Tétricus*; Aurélien soumet les rebelles, et bientôt Zénobie et Tétricus ornent le triomphe du vainqueur. Les deux prisonniers furent traités ensuite avec les égards dus à leur rang et à leur malheur.

275. — Aurélien se disposait à porter la guerre en Perse, lorsqu'il fut assassiné par un de ses secrétaires. Les soldats vengèrent sa mort, et lui élevèrent un temple sur le lieu même où il perdit la vie.

Sous le règne d'Aurélien, l'empire se releva de l'état de faiblesse où il était tombé depuis longtemps.

INTERRÈGNE DE SIX MOIS EN 275.

275. — La discipline sévère, rétablie par Aurélien, avait diminué la puissance et les prétentions de l'armée. Elle renvoya au sénat l'élection d'un empereur; le sénat le renvoya au choix de l'armée; enfin, après beaucoup d'hésitation, le sénat proclama TACITE, un de ses membres, vieillard vertueux et parent du célèbre historien de ce nom.

TACITE, 36ᵉ EMPEREUR.

De 275 à 276.

275. — Parvenu au trône par le vœu du sénat, Tacite s'empressa de rendre à ce corps ses droits et son ancienne majesté.

275. — Les Goths, peuple barbare, s'étaient répandus dans l'Asie qu'ils ravageaient. L'empereur, malgré son âge avancé, alla en personne les attaquer, et les dissipa.

276. — Ce règne heureux pour les peuples fut trop tôt et trop cruellement terminé. Le vertueux Tacite fut assassiné par un homme qui redoutait pour lui-même la juste punition de ses crimes.

Tacite travailla efficacement à répandre l'instruction dans le peuple; il fit placer dans toutes les bibliothèques les œuvres du grand historien dont il portait le nom. Rien n'était plus propre que ces ouvrages à inspirer l'horreur du vice et de la tyrannie.

PROBUS, 37ᵉ EMPEREUR.

De 276 à 282.

276. — Les troupes, un instant contenues, avaient repris leur arrogance et leur pouvoir : deux armées nommèrent chacune un empereur; l'une choisit Florien, frère de Tacite; l'autre pro-

clama Probus, né dans un rang obscur. Ce dernier fut généralement reconnu ; il était digne de régner.

276. — Les Francs, les Bourguignons, les Vandales, peuples sortis de la Germanie*, ravageaient les Gaules ; Probus marche contre eux, remporte sur ces barbares d'éclatantes victoires, et les force de rentrer dans leurs pays.

Tantôt en Europe, tantôt en Asie, Probus est occupé sans cesse à repousser les barbares ou à étouffer les révoltes.

De retour à Rome, il travailla avec zèle à réprimer l'esprit séditieux des soldats en les appliquant en temps de paix à des travaux utiles. En un mot, il ne négligea rien, tant au dehors qu'à l'intérieur, pour assurer à son empire et le repos et le bonheur dont il était depuis longtemps privé.

Une telle conduite lui attira l'amour et l'admiration des peuples, mais ne put le préserver du sort commun aux empereurs : il fut assassiné par les soldats, près de Sirmium, sa patrie.

C'est à Probus que la France, l'Espagne et la Hongrie sont redevables de leurs vignes. Domitien en avait interdit la culture dans ces différens pays ; Probus la permit et l'encouragea.

---

* Voir la carte.

CARUS, 38ᵉ EMPEREUR.

De 282 à 284.

282. — Carus, préfet du prétoire, est proclamé par l'armée.

Après avoir associé à l'empire ses deux fils *Acrin* et *Numérien*, il était allé pour combattre les Sarmathes et les Perses, et fut assassiné dans sa tente.

Ses deux fils lui succédèrent sans élection ; mais n'ayant fait que paraître sur le trône, ils ne sont pas comptés au nombre des empereurs. Numérien fut assassiné, Acrin tenta de conserver l'empire ; mais Dioclétien, son compétiteur, eut l'avantage dans un combat, et fut proclamé.

DIOCLÉTIEN ET MAXIMIEN,

RÈGNENT ENSEMBLE.

De 284 à 305.

284. — DIOCLÉTIEN mérita le trône, car il dut sa fortune à son mérite. Vainqueur d'Acrin, il fit preuve de modération, et n'ôta ni la vie ni les biens aux partisans de son rival.

286. — Comme l'empire était menacé sur tous les points, Dioclétien associa au trône MAXIMIEN, surnommé *Hercule*, guerrier redoutable, qui fit rentrer les Gaules dans l'obéissance. Dioclétien, de son côté, n'eut pas moins de succès contre les Perses et les barbares.

Cependant les périls renaissant toujours, les deux empereurs crurent nécessaire de s'adjoindre deux nouveaux Césars, *Constance Chlore* et *Galerius*. Le premier obtint de grands avantages sur les barbares, l'autre remporta sur les Perses une victoire décisive, et conclut la paix avec Narsès, petit-fils de Sapor.

Après un règne glorieux de vingt années, Dioclétien, fatigué des affaires et des grandeurs, se décida à abdiquer l'empire. Maximien, quoique à regret, suivit son exemple, et les deux Césars furent investis du pouvoir suprême.

Retiré à Salone, sa patrie, Dioclétien goûtait toutes les douceurs d'une vie paisible et se félicitait de son bonheur; ses amis l'exhortaient à remonter sur le trône : *Si vous aviez vu le jardin que je cultive*, leur répondait-il, vous ne me parleriez plus de l'empire. Ce prince philosophe termina ses jours dans l'obscurité qu'il avait préférée au trône.

Sous le règne de Dioclétien, les chrétiens furent persécutés à Rome, mais moins par la volonté de l'empereur que par les conseils du cruel Galérius, ennemi mortel du christianisme.

Rome, à cette époque, fut embellie d'un grand nombre de superbes édifices; Dioclétien releva plusieurs villes, et rétablit dans les Gaules la fameuse école d'Autun, qu'il confia aux soins d'Euménius, habile orateur.

Dioclétien fut le dernier empereur du troisième siècle, époque de honte et de malheur pour l'empire romain.

EXERCICES SUR LE 3ᵉ SIÈCLE.

Siècle de désordre et d'anarchie militaire.

Comment désigne-t-on le troisième siècle ? — Pourquoi l'appelle-t-on siècle de l'anarchie militaire ?

Quel fut le premier empereur du troisième siècle * ? — Comment régna Caracalla ? — Par qui fut-il détrôné ?

Quels furent les crimes d'Héliogabal ?

222. — ALEXANDRE SÉVÈRE ne fut-il pas du très-petit nombre des princes estimables qui régnèrent au troisième siècle ? — A quel peuple fit-il la guerre ?

Comment finirent la plupart des successeurs d'Alexandre Sévère ? — Par qui furent-ils assassinés ? — Ces princes méritent-ils d'être connus ? — La guerre des Perses ne se renouvela-t-elle pas encore sous quelques-uns de ces princes ? — Quel empereur fut prisonnier en Perse ?

270. — Quel prince releva l'empire de l'état de faiblesse où il était tombé ? — Quelles victoires remporta Aurélien ? — Quels personnages ornèrent son triomphe ?

275. — 276. — Tacite et Probus n'eurent-ils pas quelques qualités estimables ? — Lequel de ces deux empereurs permit et encouragea la culture de la vigne ?

---

* Dans cet exercice, les questions ne portent pas sur tous les princes qui régnèrent au troisième siècle ; leurs noms, pour la plupart, est tout ce qu'il importe d'en connaître.

Quel fut le dernier empereur du troisième siècle?
— Quel prince DOMITIEN avait-il associé à l'empire?
— Les deux empereurs conservèrent-ils la couronne
jusqu'à leur mort? — Les chrétiens ne furent-ils pas
persécutés à cette époque? — Quelle école célèbre fut
rétablie par Domitien?

TABLEAU SÉCULAIRE
DE L'HISTOIRE ROMAINE.

Suite de la 3e époque. — (LES EMPEREURS.)

4e SIÈCLE.

SIÈCLE DE CONSTANTIN ET DES PARTAGES *.

ANNÉES.	EMPIRE ROMAIN *.
305.	*Galérius* et *Constance Chlore*, empereurs.
306.	CONSTANTIN LE GRAND ; — établissement du christianisme ; — translation de l'empire à Byzance, appelée depuis Constantinople.
337.	*Constantin.* — *Constant* et *Constantius ;* — ravages des Barbares ; — révolte de Magnence.
361.	*Julien*, dit l'Apostat, abjure le christianisme.
363.	*Jovien ;* — guerre contre les Perses.
364.	*Valentinien* Ier ; — ravages des Barbares ; — guerre des Perses ; — Valens est associé à l'empire.

ANNÉES.	PREMIER PARTAGE DE L'EMPIRE Entre VALENTINIEN Ier et VALENS.	
364.	*Empire d'Occident.* Capitale : Rome.	*Empire d'Orient.* Capitale : Constantinople.
364.	*Valentinien* Ier, emp. d'Occident ; ravages des Barbares.	*Valens*, empereur d'Orient.
375.	*Gratien*, empereur.	
379.	*Gratien* et *Valentinien* II.	*Valens*, vaincu et tué par les Barbares.
379.	. . . .	THÉODOSE LE GRAND, empereur d'Orient.
392.	*Eugène*, usurpateur ; Théodose le fait mourir.	

394.	RÉUNION DES DEUX EMPIRES Sous THÉODOSE LE GRAND.
395.	DEUXIÈME PARTAGE DE L'EMPIRE Entre les fils de THÉODOSE.
395.	*Honorius*, emp. d'Occident.	*Arcadius*, empereur d'Orient.

* La disposition de ce tableau est différente, afin de rendre plus sensible à l'œil le *partage* de l'empire.

SUITE DE LA TROISIÈME ÉPOQUE.

LES EMPEREURS.

4e SIÈCLE.

GALÉRIUS et CONSTANCE CHLORE.

De 305 à 306.

305. — Après l'abdication des deux empereurs, GALÉRIUS et CONSTANCE CHLORE partagèrent le domaine de l'empire pour gouverner séparément leurs états. Galérius régna sur l'Illyrie, l'Asie et l'Orient, et Constance sur les Gaules, l'Italie et l'Afrique.

Aussi juste et modéré que Galérius était ambitieux et cruel, Constance abandonna à son collègue une partie de ses provinces, et ne se réserva que les Gaules. Galérius fut un tyran pour ses peuples, Constance se fit adorer des siens par sa bonté infinie et par la sagesse de son gouvernement.

Cet excellent prince mourut à York, au retour d'une glorieuse expédition contre les Pictes ; il avait désigné pour son successeur *unique*, son fils CONSTANTIN, dont le mérite justifiait ce choix.

CONSTANTIN LE GRAND, 41e EMPEREUR.

De 306 à 337.

306. — Digne d'occuper le trône où l'appelait le vœu de son père, CONSTANTIN fut reconnu dans les Gaules ; il avait alors trente-deux ans. Des qualités brillantes, jointes à l'extérieur le plus distingué, prévenaient en sa faveur ; son courage, sa prudence, secondèrent mieux encore son ambition sans bornes. Galérius, qui le craignait, lui refusa le titre d'auguste, et le donna à Sévère, et plus tard à Licinius, soldat vicieux et barbare. Parmi les prétendans qui se disputaient l'empire, *Maxence*, fils de Maximien, était le plus redoutable : il avait été proclamé à Rome par les soldats, et des forces bien supérieures à celles de Constantin semblaient lui assurer l'avantage.

311. — Cependant Constantin, que n'arrêtaient pas les obstacles, se disposait à poursuivre un dangereux rival ; l'entreprise semblait téméraire, et l'armée murmurait : ce fut alors que l'empereur arbora l'étendard du christianisme, inspiré, dit-on, par une vision miraculeuse qui lui avait promis la victoire sur le tyran Maxence. Une grande partie de ses troupes étaient chrétiennes ; encouragées dès ce moment, elles marchent sans crainte à l'ennemi, et vont seconder avec zèle le monarque qui vient d'adopter leur croyance.

Bientôt Constantin passe les Alpes. Le lâche Maxence, malgré la supériorité de ses forces, s'était enfermé dans Rome ; mais contraint d'en sortir, il est vaincu et tué dans un combat. Rome, délivrée d'un tyran, reçoit avec enthousiasme son libérateur.

Le premier soin du monarque est de remédier au désordre en travaillant également au bonheur de tous : le sénat est rétabli dans ses droits ; le peuple, comblé de bienfaits, bénit son nouveau chef, et Constantin, politique habile, achève de gagner l'affection des Romains en déclarant *qu'il ne peut y avoir de prescription contre la liberté, et que soixante ans de servitude ne privaient pas un homme libre de ses droits..*

Constantin, vers cette époque, tenta une expédition contre les Gaulois, le plus vaillant des peuples de la Germanie ; il repoussa l'ennemi au delà du Rhin, mais il ternit sa gloire par la manière inhumaine dont il traita les vaincus. Il donna un spectacle à Trève, où les prisonniers furent exposés aux bêtes féroces. Cet acte de barbarie était bien opposé aux lois du christianisme.

Peu de temps après, un édit en faveur des chrétiens leur accorda le libre exercice de leur religion ; l'empereur bâtit et dota des églises, protégea les évêques ; en un mot, animé du zèle le plus ardent, il ne cessa de favoriser le christianisme. Il n'est pas étonnant que les idolâtres passionnés aient noirci un prince qui voulait détruire l'idolâtrie ; mais comment pourrait-on méconnaître le bien qu'annonçait un tel changement, et les erreurs dont il devait purger la terre, et les vertus qu'il devait y répandre ?

313. — Cependant *Maximin*, successeur de Valérius, régnait encore en Asie; il avait fait un partage avec César Licinius, et prétendait le dépouiller, ainsi que Constantin. Pour donner suite à ce projet, il passe le Bosphore et s'empare de Bizance. Licinius venait d'épouser la sœur de Constantin ; il se réunit à ce prince, et poursuit Maximin jusqu'à Tarse ; là, craignant de tomber au pouvoir de l'ennemi, et redoutant sa vengeance, Maximin se donna la mort. Son règne avait été une tyrannie perpétuelle, surtout contre les chrétiens.

314. — Licinius et Constantin avaient triomphé ensemble de l'ennemi commun ; mais l'union dura peu entre les deux empereurs. Constantin prit les armes contre Licinius et gagna sur lui deux batailles qui furent suivies d'un traité de partage.

Quelques années de paix permirent à Constantin de s'occuper des soins du gouvernement et surtout des affaires du christianisme.

Pour fixer le trône dans sa famille, il nomma Césars ses trois fils, Constant, Constantin et Constantius.

323. La rivalité n'avait pas cessé entre les deux empereurs ; ils combattirent de nouveau, et Constantin fut vainqueur par la supériorité de son armée sur les troupes asiatiques. Licinius, réduit à déposer la couronne, périt bientôt après, malgré la promesse qu'on lui avait faite d'épargner ses jours.

La mort de Licinius laissa Constantin maître

absolu de l'empire : dès ce moment il modéra moins son zèle pour le christianisme, mais avec une piété plus éclairée il eût fait sans doute plus de bien et eût évité peut-être ces guerres théologiques qui, sous son règne, causèrent de funestes ravages dans l'empire,

L'hérésie d'*Arius*, prêtre d'Alexandrie, qui niait la divinité de Jésus-Christ, fut la principale source des malheurs. Des querelles ardentes et opiniâtres éclatèrent de toutes part à ce sujet. Après avoir tenté vainement de rétablir la paix, Constantin se prononça contre les *Ariens* ; il assembla le concile général de *Nicée* en Bythinie ; les écrits d'Arius y furent condamnés, et Constantin défendit d'en conserver des copies sous peine de mort. L'hérésie néanmoins ne fut point abattue, elle conserva des partisans et entraîna de nouvelles disputes et de nouveaux malheurs.

326. — Tandis que la religion chrétienne était favorisée du prince, le paganisme se soutenait à Rome et dans une grande partie de l'empire : la protection que Constantin accordait au christianisme indisposait ses peuples contre lui. Il acheva de les irriter par des actes de barbarie : sur un léger soupçon, il ordonna la mort de Crispus, son fils aîné, et peu de temps après, celle de l'impératrice. Un grand nombre de personnes distinguées périrent de même sans motifs connus : le jeune Licinius, âgé de douze ans, fut au nombre des victimes.

Rome retentissait de malédictions et d'injures

contre l'empereur; on osa même l'insulter. Dès ce moment il résolut d'abandonner pour toujours cette capitale, et forma le projet d'en bâtir une nouvelle.

328. — TRANSLATION DE L'EMPIRE A BYZANCE. — Cette ville, admirablement située sur le Bosphore de Thrace, fixa le choix du monarque. Il en augmenta l'enceinte, l'embellit de superbes édifices, et lui donna le nom de *Constantinople*.

Avec deux capitales, il devait y avoir deux empires; celui d'Orient embrassa tout le pays depuis le Danube jusqu'aux extrémités de l'Egypte, et depuis le golfe Adriatique jusqu'aux frontières de la Perse.

Cette vaste étendue fut subdivisée en provinces qu'on appela *diocèses*. Chaque diocèse eut ses gouverneurs. Des ducs, des comtes, furent dispersés sur les frontières, pour les défendre.

On doit mettre au nombre des abus de cette époque, les titres que la vanité multiplia à l'infini : *noble, nobilissime, illustre, excellence*, etc. Le mérite disparut du moment que les titres et les honneurs en tinrent lieu.

Constantin lui-même donna l'exemple du faste et de la frivolité : il portait toujours le diadème, son habit était resplendissant de perles, de pierreries, et la pompe de sa cour respirait les mœurs asiatiques. Il avait allégé les impôts lors de son avènement au trône; son luxe et sa mauvaise administration le portèrent dans la suite à en accabler son peuple.

De cette époque date la décadence de l'empire romain. Tandis que l'orgueil d'un prince ornait une capitale nouvelle, l'ancienne perdait de sa splendeur, et Constantin, en portant les forces de l'empire en Orient, avait ouvert l'Occident aux barbares.

L'histoire n'est remplie, depuis ce moment, que du récit de leurs invasions et de leurs ravages. Elle ne nous présente, en un mot, pendant plusieurs siècles, que trouble, déchirement et confusion, dus en partie aux progrès que fit l'ignorance sous des princes faibles et des peuples esclaves.

337. La fin du règne de Constantin offre peu d'événemens remarquables. Après avoir remporté une grande victoire sur les Goths, peuple barbare, il passa en Asie pour combattre les Perses qui avaient insulté le nom romain. Mais à peine cette guerre était-elle commencée, que l'empereur, atteint d'une maladie dangereuse, succomba après avoir reçu le baptême. Il était âgé de soixante-trois ans, et en avait régné trente.

Le règne de Constantin forme une des grandes époques de l'histoire du monde, par l'établissement du christianisme et par la translation de l'empire à Constantinople.

Les qualités de ce prince, ses talens, sa valeur, et surtout sa politique habile, lui méritèrent le nom de *Grand*. On doit observer, toutefois, qu'avec plus de modération dans son zèle pour le christianisme, il eût fait plus de prosélytes et plus de bien. L'histoire de ses successeurs mérite peu de fixer l'attention ; il nous suffira de la parcourir rapidement.

CONSTANTIN, CONSTANT et CONSTANTIUS.

De 337 à 360.

337. — Les trois fils de Constantin lui succèdent et se partagent l'empire. Envieux les uns des autres, ils soutiennent leurs prétentions les armes à la main. Constantin est tué dans une bataille contre son frère Constant.

350. — Constant à son tour est assassiné par ses soldats vendus à *Magnence* , esclave affranchi, qui s'était fait proclamer empereur.

Constantius, qui régna seul ensuite, se montra plus occupé de disputes théologiques que des soins de son empire : il fut battu par Sapor II , roi de Perse. Plus tard, ses troupes gagnèrent sur l'usurpateur Magnence la *bataille de Murse* , l'événement le plus remarquable de ce règne.

360. — Julien, qui commandait dans les Gaules, s'était fait proclamer empereur à Paris. Constantius avait pris les armes pour soutenir ses droits, lorsqu'il mourut à l'âge de 45 ans. Il avait reçu le baptême, comme son père , à ses derniers momens.

JULIEN dit L'APOSTAT, 43ᵉ EMPEREUR.

De 361 à 363.

361. — Ayant été reconnu à Constantinople, Julien, qui haïssait le christianisme, fit son abjuration, et embrassa le paganisme. Sans persécuter ouvertement les chrétiens, il mit tous ses soins à détruire leur religon.

Après un règne de deux années, il mourut en héros dans une expédition malheureuse contre les Perses.

Julien protégea les sciences et les lettres, qu'il cultiva lui-même avec succès.

JOVIEN, 44ᵉ EMPEREUR.

De 363 à 364.

363. — Jovien, capitaine des gardes, est proclamé empereur. Il fait une paix honteuse avec Sapor, et lui cède plusieurs provinces de l'empire : c'était le premier démembrement qu'avait subi la puissance romaine.

Jovien se montra le protecteur zélé du christianisme, que son prédécesseur avait tenté d'anéantir. Il mourut en Asie, étouffé par la vapeur du charbon.

VALENTINIEN, 45ᵉ EMPEREUR.

364. — L'armée proclame Valentinien, homme

de guerre peu instruit, mais possédant toutefois quelques vertus dignes du trône.

Les troupes, après l'avoir élu, voulaient exiger qu'il se donnât un collègue : « Il ne tenait qu'à » vous, leur dit-il avec fermeté, de choisir un au- » tre empereur; mais aujourd'hui je commande, » vous devez obéir : je saurai, quand il en sera » temps, me choisir un collègue, et j'aurai soin » qu'il soit digne de vous et de moi. »

Ce moment n'était pas éloigné. Une multitude de barbares vinrent fondre sur l'empire. Sapor, malgré la paix conclue, reprit bientôt les armes, et pour faire face à tant d'ennemis, Valentinien se décida à partager l'empire avec son frère VALENS: il lui abandonna l'Orient, et se réserva l'Occident; il y eut dès ce moment DEUX EMPIRES, celui d'O-rient et celui d'Occident. Le premier comprenait l'Asie, l'Egypte et la Thrace, le second les Gaules, l'Italie et l'Afrique.

Nous avons vu déjà plusieurs empereurs régner en même temps, mais il n'y avait qu'UN SEUL EM-PIRE : c'était une puissance unique exercée par plusieurs. LE PREMIER PARTAGE réel eut donc lieu à cette époque entre Valentinien et Valens, puis-que chacun d'eux eut un empire indépendant.

NOTA. A dater de ce premier partage jusqu'à la chute de l'empire d'Occident, nous nous bornerons à une simple indication des règnes et des principaux événemens dans l'un et l'autre empire.

PREMIER PARTAGE DE L'EMPIRE.

(Voyez le tableau du 4ᵉ siècle.)

364.—EMPIRE D'OCCIDENT. — Capitale, Rome*; VALENTINIEN, empereur.

EMPIRE D'ORIENT. — Capitale, Constantinople; VALENS, empereur.

364, etc. — Sous Valentinien et Valens, les barbares continuent leurs ravages.

375. — Valentinien meurt après avoir associé son fils Gratien à l'empire.

378. — Valens, persécuteur des chrétiens, est tué dans une bataille contre les Huns et les Goths qui menaçaient Constantinople.

379. — Gratien et Valentinien II règnent en Occident.

THÉODOSE, surnommé le GRAND, règne en Orient. Ce prince favorise le christianisme et réprime les barbares.

392.—Valentinien II est assassiné. Un ambitieux, nommé *Eugène*, s'empare du trône d'Occident.

394. — Théodose défait Eugène et le condamne à mort.

---

* Quoique Rome fût la capitale de l'empire d'Occident, les empereurs résidaient souvent à Milan, qui se trouvait plus au centre de leurs états.

14.

THÉODOSE RÉUNIT LES DEUX EMPIRES D'ORIENT ET D'OCCIDENT.

(Voyez le tableau.)

La valeur et les grandes qualités de ce prince avaient retardé la chute de l'empire; mais il lui porta un coup fatal en le partageant, vers la fin de ses jours, entre ses deux fils, *Arcadius* et *Honorius*.

DEUXIÈME PARTAGE DE L'EMPIRE.

(Voyez le tableau.)

395. — HONORIUS règne en Occident, ARCADIUS en Orient.

Sous les deux fils de Théodose, princes faibles et incapables, tout tombe en décadence; les disputes de religion font oublier la défense de la patrie, et les Barbares en profitent. L'empire d'Occident marche à grands pas vers sa ruine totale, que le siècle suivant verra consommer.

EXERCICES

SUR LE 4ᵉ SIÈCLE.

Siècle de Constantin et des partages.

Comment désigne-t-on le quatrième siècle? — Quel fut le prince le plus célèbre du quatrième siècle? — En quoi le règne de Constantin fut-il si remarquable

— Après la translation de l'empire à Byzance, quel nom prit cette ville?

Quels princes occupèrent le trône après la mort de Constantin? — Quelle bataille célèbre gagna Constantin?

L'empereur Julien protégea-t-il le christianisme? — Avec quel peuple Jovien fit-il une paix honteuse?

364. — En quelle année eut lieu le *premier partage de l'empire?* — Comment désigna-t-on ces deux empires? — Quel prince fut empereur d'Orient? — Quel prince fut empereur d'Occident?

394. — Sous quel empereur furent *réunis les deux empires* et en quelle année?

Théodose n'est-il pas un des princes les plus remarquables du quatrième siècle? — Comment fut-il surnommé?

395. — En quelle année eut lieu le *second partage de l'empire?* — Quel prince alors régna en Orient? — Quel prince régna en Occident? — De qui Honorius et Arcadius étaient-ils fils? — Régnaient-ils encore à la fin du quatrième siècle?

TABLEAU SÉCULAIRE
DE L'HISTOIRE ROMAINE.

Suite et fin de la 3ᵉ époque. — (LES EMPEREURS.)

5ᵉ SIÈCLE.

Invasion. — Formation des empires modernes.

ANNÉES.	EMPIRE D'OCCIDENT. Rome, capitale.	EMPIRE D'ORIENT. Constantinople, capitale.
408.	* HONORIUS continue de régner. Le royaume d'Espagne est fondé par les Vandales.	* ARCADIUS continue de régner.
408.	. . . .	THÉODOSE II, emp. *Pulchérie*, sa sœur, gouverne l'empire.
410.	*Alaric*, roi des Visigoths, s'empare de Rome.	
413.	Les Bourguignons s'établissent dans les Gaules.	
420.	Établissement des *Francs* dans les Gaules sous *Pharamond*, leur chef.	
425.	VALENTINIEN III, empereur.	
441.	Les Vandales fondent un royaume en Afrique.	
450.	Les Angles et les Saxons subjuguent la Grande-Bretagne et y fondent un royaume.	MARCIEN, empereur.
452.	*Attila*, roi des Huns, est vaincu par les Francs.	
452.	Fondation de la ville et du royaume de Venise par Attila	
454.	MAXIME, empereur.	
457.	. . . .	LÉON Iᵉʳ, empereur.
460.	AVITUS, emp., etc., etc., etc. De 460 à 475, plusieurs princes règnent en Occident et ne méritent pas d'être placés au rang des empereurs.	
474.	. . . .	LÉON II, empereur.
475.	AUGUSTE ou AUGUSTULE, dernier empereur d'Occident.	ZÉNON, empereur.
476.	Conquête de l'Italie par *Odoacre*, roi des Hérules. FIN DE L'EMPIRE D'OCCIDENT.	

SUITE DE LA TROISIÈME ÉPOQUE.

LES EMPEREURS.

5e SIÈCLE.

Décadence. — Invasions. — Formation des empires modernes.

La division de l'empire, le peu d'union des peuples, l'incapacité des princes, et surtout un besoin de nationalité qui travaillait les parties diverses de l'immense empire; telles furent les causes réelles de la décadence générale qu'amena le *cinquième siècle*.

Ne trouvant plus dans les Romains ces ennemis redoutables qui avaient réprimé leurs premières tentatives, les barbares s'enhardirent de plus en plus; ils pénétrèrent successivement sur tous les points en Europe, en Afrique, et vainqueurs des maîtres du monde, ils formèrent de leur vaste empire les états modernes dont la plupart subsistent encore aujourd'hui.

L'époque où s'opéra cette grande révolution fut un temps de troubles et en quelque sorte de barbarie, comme si les empires dussent finir comme ils ont commencé. Sans nous arrêter à d'inutiles et fatigans détails, il nous suffira d'indiquer ici les principaux faits de cette dernière période, ainsi que la formation des principaux états que fondèrent les Barbares *au cinquième siècle.*

(Voir le tableau à chacun des articles suivans.)

400. — HONORIUS ET ARCADIUS continuent de régner, l'un en Occident, l'autre en Orient.

L'impératrice Eudoxie, épouse d'Arcadius, gouverne l'empereur et l'empire.

408. — Les Vandales, les Alains, les Suèves, après avoir dévasté les Gaules, s'emparent de l'*Espagne*, où ils fondent un royaume*.

410. — *Alaric*, roi des Goths ou Visigoths, ravage l'Italie, prend Rome et la brûle en partie.

413. — Les Bourguignons s'établissent dans les Gaules depuis les sources de la Saône jusqu'aux bouches du Rhône.

414**. — *En Orient,* THÉODOSE II, *âgé de sept*

---

* Les Vandales, les Suèves, les Bourguignons, les Goths, les Huns, les Francs, etc., en un mot tous les peuples désignés sous le nom de *barbares*, habitaient le nord de la Germanie et les environs de la mer Baltique. (Voyez la carte.) On devra indiquer d'abord le pays habité par chacun de ces peuples, et ensuite les royaumes fondés par eux.

Ici indiquer *les Vandales* au nord de la Germanie, puis le royaume d'*Espagne* au midi de l'Europe

Les *Francs*, parmi les peuples de la Germanie, tenaient le premier rang. Ce nom leur venait de l'indépendance qu'ils avaient toujours recherchée et maintenue.

** Pour éviter toute confusion dans l'histoire des deux empires, les articles concernant l'empire d'Orient seront en *caractères italiques.*

ans, succède à Arcadius son père. PULCHÉRIE, *sœur de Théodose, obtient le titre d'*AUGUSTE, *et gouverne l'empire.*

420. — Les *Francs* s'établirent dant les Gaules sous la conduite de *Pharamond*, leur chef, regardé à tort comme premier roi de France. *Clovis*, en 485, doit être considéré comme le véritable fondateur de la monarchie française, qui fut seulement alors posée et affermie.

425. — MORT D'HONORIUS. — VALENTINIEN III est proclamé empereur d'Occident.

Les barbares font de nouveaux progrès, l'empire s'affaiblit de plus en plus sous des princes incapables de le défendre.

441. — Les Vendales, sous la conduite de Genséric, leur roi, s'emparent de *Carthage* et d'une partie de l'Afrique ; ils y fondent un royaume*.

447. — *Attila*, roi des Huns, ravage l'Europe. De toutes parts l'empire est démembré.

450. — Les Angles (Anglais) et les Saxons subjuguent la *Grande-Bretagne* et la divisent en sept petits royaumes, désignés sous le nom d'*Heptarchie saxonne* **.

450. — MARCIEN *est proclamé empereur d'O-*

---

* Ce royaume, environ cent ans après, fut détruit par *Bélisaire*, général de Justinien, empereur d'Orient.

** Les sept royaumes furent réunis en *un seul*, sous Egbert, contemporain de Charlemagne, en 828. La Grande-Bretagne prit seulement alors le nom d'Angleterre.

rient : il épouse Pulchérie , sœur de Théodos

452. — *Attila* est battu dans les plaines ,*c* Châlons, par Mérovée, roi ou chef des Francs, *i* par Aétius, général romain.

Attila passe ensuite en Italie, où il fonde la vil et les états de *Venise.*

454. — Maxime est proclamé empereur d'Occ dent.

457. — *Léon Ier est proclamé empereur d'(rient.*

C'est le premier empereur qui ait été couron par un évêque.

460. — Avitus est proclamé empereur d'Occ dent.

Pendant l'espace de seize années (de 460 à 47 plusieurs empereurs occupent successivement trône d'Occident, où ils règnent sans gloire presque sans autorité. Sous ces princes lâches sans génie, les barbares forment de nouveau établissemens, et l'empire s'ébranle de plus plus.

Voici les noms de ces princes, qui ne mérite pas d'être placés au rang des empereurs.

An 460, Avitus. — 461, Sévère. — 467, A thénius. — 472, Olibrius, usurpateur. — 47 Glycérius. Ce dernier est detrôné par Julius N pos, officier de l'empereur d'Orient.

474. — Léon II, *fils de Léon Ier , est emper d'Orient, et ne règne qu'un moment.*

Zénon *lui succède et se rend odieux.*

Le désordre et la confusion règnent dans l'un et dans l'autre empire.

475. — Romulus, surnommé Auguste ou AUGUSTULE, est proclamé EMPEREUR D'OCCIDENT. En lui devait finir l'empire,

476. CHUTE DE L'EMPIRE D'OCCIDENT. — Odoacre, roi des Hérules, peuple barbare, subjugue l'Italie entière. Maître de Rome, il fait enfermer Augustule, et prend le titre de ROI D'ITALIE.

Telle fut la fin de l'empire romain d'Occident, douze cent vingt-neuf ans. Après la fondation de Rome, les empereurs avaient gouverné pendant près de cinq siècles.

« Rome s'était agrandie, a dit Montesquieu,
» parce qu'elle n'avait eu que des guerres succes-
» sives ; Rome fut détruite, parce que toutes les
» nations l'attaquèrent à la fois. »

C'est à la chute de l'empire romain d'Occident que se termine l'histoire ancienne, depuis la création du monde jusqu'à l'année 476 de notre ère*. A cette époque commence l'histoire du moyen âge.

---

* NOTA. On trouvera plus loin un tableau comparé des deux empires d'Orient et d'Occident, depuis le cinquième siècle jusqu'à nos jours.

EXERCICES SUR LE 5ᵉ SIÈCLE.

Siècle de décadence. — Invasion. — Formation des empires.

Comment désigne-t-on le cinquième siècle?

Quels princes régnaient en Occident et en Orient au commencement de ce siècle?

406. — Quel royaume fondèrent les Vandales? — En quelle année?

410. — Par qui la ville de Rome fut-elle prise et brûlée?

413. — Dans quelle partie des Gaules s'établirent les Bourguignons?

420. — En quelle année *les Francs* vinrent-ils à leur tour s'établir dans les Gaules? — Sous quel chef? — Quel fut le véritable fondateur de la monarchie française, Pharamond ou Clovis?

441. — Quel peuple, à cette époque, fonda un royaume en Afrique?

450. — En quelle année fut subjuguée la Grande-Bretagne? — Par quels peuples?

452. — Par qui fut vaincu Attila, roi des Huns? — Dans quel pays?

452. — Quel royaume et quelle ville fonda ensuite Attila?

Comment, à cette époque, était gouverné l'Occident? — Que remarque-t-on des princes qui régnèrent successivement de 460 à 476?

Quel fut le dernier empereur romain d'Occident? — — Par qui fut-il détrôné?

Quel titre prit alors le vainqueur d'Augustule?

Pendant combien de siècles Rome avait-elle été gouvernée par des empereurs? (Cinq siècles environ.)

Quelle a été la durée de la puissance romaine depuis la fondation de Rome jusqu'à la conquête des barbares? (1229 ans.)

EXERCICE GÉNÉRAL.

SUR LA 3ᵉ ÉPOQUE DE L'HISTOIRE ROMAINE.

(LES EMPEREURS.)

Nota. Avant de commencer cet exercice, l'élève reverra les tableaux séculaires de cette 3ᵉ époque. [*]

DERNIER SIÈCLE *avant* J.-C.

An 29 avant J.-C. — En quelle année le gouvernement impérial remplaça-t-il à Rome le gouvernement républicain? — Quel fut le premier empereur romain? — En quoi le règne d'Auguste fut-il aussi remarquable? — Quel grand événement arriva-t-il sous le règne de ce prince? (*La naissance de Jésus-Christ.*) — Comment date-t-on depuis cette époque? (D'après *l'ère chrétienne ou vulgaire.*)

PREMIER SIÈCLE DE L'ÈRE CHRÉTIENNE.

Siècle d'Auguste et des 12 Césars.

Nota. La fin du dernier siècle avant J.-C. et la totalité du premier siècle se trouvent sur le même tableau.

Comment désigne-t-on le siècle où vécut Auguste? — Comment désigne-t-on les douze premiers empereurs qui régnèrent à Rome? — Dans le nombre de

---

[*] Voyez ces tableaux, pages 182, 198, 208, 224, 238.

On observera que pour la première et pour la seconde époque, un *tableau comparé* précède l'exercice général sur chacune de ces époques. Mais les Grecs, les Gaulois et les Carthaginois, qui figurent sur les deux premiers tableaux, ayant été subjugués sur la fin de la *deuxième époque*, ces différents peuples ne formèrent plus dès lors *qu'un seul peuple* avec *les Romains* : il ne pouvait donc plus y avoir de tableaux comparés pour la *troisième époque*. En conséquence ce dernier exercice ne se rapporte plus à un tableau comparé, mais à tous les *tableaux séculaires* de cette troisième époque.

ces princes, quel fut le meilléur et le plus aimé du peuple? — Quel fut le plus cruel?

DEUXIÈME SIÈCLE. — *De Trajan et des Antonins.*

Comment désigne-t-on le deuxième siècle? — Quel fut le plus grand prince de ce siècle? — Après *Trajan* quels autres princes remarque-t-on encore? — Les princes qui régnèrent au deuxième siècle ne furent-ils pas meilleurs en général que ceux du siècle précédent? — Les peuples, alors, ne furent-ils pas plus heureux?

TROISIÈME SIÈCLE. — *De l'anarchie militaire.*

Comment désigne-t-on le troisième siècle? — Quelle fut, pendant la durée de ce siècle, l'influence des troupes? — Comment moururent la plupart des princes qui régnèrent alors? — Parmi tant de princes cruels ou incapables, n'en voit-on paraître aucun qui soit digne de régner?

Quel prince commença la guerre des Perses? — Quel prince triompha dans la guerre contre *Zénobie*, reine de Palmyre?

QUATRIÈME SIÈCLE. — *De Constantin et des partages.*

Comment désigne-t-on le quatrième siècle? — En quoi le règne de Constantin est-il remarquable? — En quelle-année eut lieu le *premier partage de l'empire*?

Comment désigna-t-on les deux empires? — Quel prince les réunit?

En quelle année eut lieu le deuxième partage?

Quel prince régna en Occident? — Quel prince régna en Orient?

CINQUIÈME SIÈCLE. — *Siècle de décadence.* — *Invasion.* — *Formation des empires modernes.*

Comment désigne-t-on le cinquième siècle?
Quel peuple fonda le royaume d'Espagne?

En quelle année les Francs formèrent-ils un établissement dans les Gaules?

Par quel peuple fut subjugué la Grande-Bretagne? — Quel fut le dernier empereur d'Occident?

Par qui fut-il renversé? — En quelle année finit l'empire romain d'Occident?

Quelle avait été la durée de la puissance romaine depuis la fondation de Rome?

On terminera cet exercice par des *questions détachées*, et se rapportant indistinctement aux différens tableaux de la troisième époque. On demandera, par exemple : Dans quel siècle vécut Trajan? — Dans quel siècle vécut Titus? — Marc-Aurel? — Néron? — Aurélien? — Constantin? — Auguste? — Théodose, etc., etc.

Quel prince fit incendier Rome? — Quel prince transféra le siége de l'empire à Byzance? Etc.

On pourra multiplier ces questions à volonté.

RÉCAPITULATION

DE L'HISTOIRE ROMAINE.

Cette récapitulation générale consistera à répéter ici *les trois exercices* placés à la fin des *trois grandes époques* de l'histoire romaine; ces exercices se trouvent pages 60-174-245. Ils comprennent un espace de *douze siècles* environ, depuis la fondation de Rome, l'an 754 avant J.-C., jusqu'à la chute de l'empire romain d'Occident, l'an 476 de l'ère chrétienne.

Au moyen des *tableaux comparés* auxquels se rapportent les deux premiers exercices, cette récapitulation aura l'avantage de retracer en même temps les principales époques de l'histoire grecque et de l'histoire romaine.

FIN DE L'HISTOIRE ROMAINE.

TABLEAUX COMPLÉMENTAIRES.

Nous ajoutons ici, comme complément à *l'Histoire romaine* et à *l'Histoire grecque*, deux tableaux comparés dont on va expliquer le but et la disposition.

Le premier tableau, page 250, a pour titre :

Tableau comparé des deux empires d'Occident et d'Orient, depuis le dernier partage entre les fils de Théodose jusqu'à nos jours.

Ce tableau présente les grandes révolutions survenues dans les deux empires pendant un espace de quinze siècles (du quatrième au dix-neuvième).

Ce classement général aura l'avantage de présenter sous un seul point de vue *l'ensemble* de l'histoire, depuis la chute de l'empire romain d'Occident jusqu'à nos jours.

On observera que les grandes époques indiquées sur ce tableau appartiennent, depuis la fondation du royaume d'Italie par Odoacre, jusqu'à la prise de Constantinople par les Turcs, à *l'Histoire du moyen âge*, et depuis la prise de Constantinople jusqu'à ce moment, à *l'Histoire moderne.*

Après avoir étudié l'histoire d'une nation célèbre, un enfant demande, pour l'ordinaire, *que devint ensuite ce peuple, cet empire?* Le tableau suivant répond à cette question, non-seulement pour les Romains, mais pour les Grecs également ; car la Grèce ayant fait partie de l'empire d'Orient, son sort fut lié dès ce moment au sort de cet empire et de ceux qui le remplacèrent successivement jusqu'à 1823, époque à laquelle la Grèce proclama son indépendance.

Le second tableau, page 251, a été divisé en plusieurs parties à raison de son étendue. Il est intitulé :
Tableau comparé des hommes distingués dans les sciences, les arts et la littérature, tant à Rome que dans la Grèce, etc.

Ici une dernière comparaison est établie entre Rome et la Grèce, et ce n'est pas la moins importante. Ce tableau, tout littéraire en apparence, présente en quelque sorte un *résumé* de l'histoire des deux peuples. La grandeur successive des Grecs et des Romains semble indiquée, en effet, par le nombre plus ou moins grand des hommes célèbres qui, tour à tour, illustrèrent chaque pays.

La vue seule de ce tableau nous apprend également qu'un état ne peut rester longtemps au même degré de prospérité. Au cinquième siècle, la Grèce, illustrée par ses armes, brille de tout son éclat dans les lettres, et nous voyons le SIÈCLE DE PÉRICLÈS. Plus tard la décadence de la Grèce amène la grandeur des Romains, et nous trouvons le SIÈCLE D'AUGUSTE. Enfin, cette gloire d'un moment s'éclipse à son tour, et dans les siècles qui suivent nous voyons la décadence du goût amenée insensiblement par la faiblesse et la décadence de l'empire.

De grandes vicissitudes dans l'histoire des peuples se trouvent ainsi retracées dans ce tableau littéraire.

TABLEAU COMPARÉ

DES DEUX EMPIRES D'OCCIDENT ET D'ORIENT,

Depuis le dernier partage entre les fils de Théodose jusqu'à nos jours.

DE 395 à 1834.

EMPIRE ROMAIN.

SIÈCLES.	ANNÉES.	
4e.	395.	Théodose partage l'empire entre ses deux fils, Honorius et Arcadius.

		EMPIRE D'OCCIDENT.	EMPIRE D'ORIENT.
	395.	ROME, capitale. Honorius, empereur d'Occident.	CONSTANTINOPLE, capitale. Arcadius, empereur d'Orient.
5e.	476.	L'empire d'Occident est détruit par ODOACRE, roi des Hérules, qui prend le titre de ROI D'ITALIE.	Du 4e au 9e siècle, continuation de l'empire d'Orient, dont la Grèce fait partie.
	492.	Théodoric, roi des Ostrogoths, renverse Odoacre et fonde un nouveau royaume.	
6e.	568.	Fondation du ROYAUME DES LOMBARDS.	
7e.			
8e.	774.	Charlemagne, roi de France, s'empare du royaume des Lombards.	
9e.	800.	EMPIRE D'OCCIDENT, Renouvelé par Charlemagne.	
10e.	802.		EMPIRE GREC, Fondé par Nicéphore.
11e.	961.	EMPIRE D'ALLEMAGNE, Fondé par Othon-le-Grand.	
12e.			
13e.			
	1204.		EMPIRE DES LATINS, Fondé par les Croisés.
	1261.		Rétablissement de l'EMPIRE GREC par Michel Paléologue.
	1273.	L'empire passe à la maison d'AUTRICHE, dans la personne de Rodolphe de Hapsbourg.	
14e.			
15e.	1463.		Prise de Constantinople par les Turcs. Fondation de l'EMPIRE OTTOMAN, dont la Grèce fait partie.
16e.			
17e.			
18e.			
19e.	1805.	Napoléon, emp. des Français, procl. ROI D'ITALIE.	
	1815	L'Italie est rendue à ses anciens souverains.	
	1821.		La Grèce proclame son indépendance,
	1833.		La Grèce est érigée en royaume sous Othon de Bavière.

TABLEAU COMPARÉ

DES HOMMES QUI SE SONT DISTINGUÉS DANS LES SCIENCES, LES ARTS ET LA LITTÉRATURE,

A ROME ET DANS LA GRÈCE *,

Depuis le 10ᵉ siècle avant J.-C., jusqu'au 5ᵉ siècle après J.-C.

SIÈCLES.	ANNÉES av. J.-C.	GRECS.	GRANDEUR DE LA GRÈCE. Siècle de Périclès.	ROMAINS.
10ᵉ.	944.	Hésiode, le plus ancien poète grec.		
	907.	Homère, le premier des poètes épiques.		
9ᵉ.				
8ᵉ.	715.	. . . .		. . . Numa Pompilius, roi et législateur.
7ᵉ.	680.	Tyrtée, poète et général lacédémonien.		
	604.	Alcée de Lesbos, poète lyrique.		
	603.	Sapho Lesbienne, poète.		
6ᵉ.	594.	Solon, philosophe et législateur d'Athènes.		
	582.	Ésope, de Phrygie, fabuliste.		
	536.	Thespis, inventeur de l'art dramatique.		
	535.	Anacréon, poète lyrique.		
	533.	Pythagore, de Samos, philosophe.		
5ᵉ.	499.	Pindare, poète lyrique ; Thébain.		
	495.	Corine, femme célèbre de Thèbes, poète.		
	486.	Eschyle, poète tragique ; Athénien.		
	470.	Sophocle, poète tragique.		
	469.	Hérodote d'Halicarnasse, historien.		
	466.	Anaxagore, philosophe, maître de Périclès.		

** Les Grecs s'étant illustrés avant les Romains, ont été placés les premiers sur le tableau.*

SUITE DU TABLEAU DES GRANDS HOMMES.

GRANDEUR DE LA GRÈCE.
Siècle de Périclès.

SIÈCLES.	ANNÉES av. J.-C.	GRECS.	ROMAINS.
Suite du 5e siècle.	451.	Thucidide, historien.	
	448.	Périclès, protecteur des lettres, éloquent orateur.	
	448.	Phidias, sculpteur célèbre.	
	id.	Xeuxis, peintre habile.	
	425.	Socrate, philosophe, le plus sages des Grecs.	
	id.	Aristophane, poète comique et satirique.	
	423.	Euripide, poète tragique.	
	421.	Hippocrate, chef de la médecine.	
	401.	Xénophon, historien.	
4e.	394.	Platon, philosophe, disciple de Socrate.	
	350.	Aristote, philosophe, précepteur d'Alexandre.	
	348.	Ménandre, poète comique.	
	325.	Démosthène, orateur célèbre.	
	324.	Zénon, philosophe, chef des Stoïciens.	
3e.	288.	Euclide, célèbre géomètre.	...Fabius Pictor, consul, le premier historien de Rome.
	269.	....	... Nævius, écrivit l'histoire romaine en vers.
	250.	....	
	249.	Théocrite, poète lyrique.	... Livius Andronicus, qui le premier composa des comédies à Rome.
	244.	....	

1er ou dernier siècle av.J.-C.	ANNÉES av. J.-C.	GRECS.		ROMAINS.
2e.	198.	....		... Plaute, poète comique, dont il reste 20 comédies.
	169.	....		... Térence, né à Carthage, poète comique latin.
	152.	Polybe, historien.		
	148.	....		... Aristarque, le premier critique de l'antiquité.
	147.	Zenon, 2e du nom, philosophe, chef des Stoïciens. NOTA. *Vers cette époque (l'an 146 av. J.-C.) la Grèce asservie fut réduite en province romaine.*		
1er. av.J.-C.	142.	Demétrius de Phalères, philosophe littérateur.		
	70.	....		... Térentius Varron, né dans les Gaules, littérateur.
	60.	....		... Lucrèce, poète latin.
	59.	....		... Catulle, poète latin.
	55.	....		.. Cicéron, célèbre orateur.
	54.	....		... Salluste, historien latin.
	52.	....		... Jules-César, aussi habile écrivain que grand capitaine.
	50.	....		... Virgile, le poète le plus célèbre qu'aient eu les Latins.
	49.	....		... Tibulle, poète élégiaque.
	45.	Diodore de Sicile, historien grec, fut contemporain de César et d'Auguste.		
	39.	....		... Cornélius Népos, historien.
	30.	Denis d'Halicarnasse, historien grec.		
	29.	....		... Auguste, premier empereur romain, protecteur des lettres.
	id.	....		... Mécène, ministre d'Auguste.
	28.	....		... Horace, poète lyrique et satirique.
	id.	....		...Ovide, poète élégiaque, le plus poli et le plus tendre de l'antiquité.
	id.	....		... Properce, poète élégiaque.
	4.	....		... Tite-Live, célèbre historien.

DÉCADENCE DE LA GRÈCE.

GRANDEUR DES ROMAINS. *Siècle d'Auguste* *

* On a désigné sous le nom de *siècle de Périclès, siècle d'Auguste*, l'époque entière sur laquelle s'étendit l'influence de ces personnages célèbres, qui tous deux protégèrent les lettres, l'un à Athènes et l'autre à Rome.

SUITE DU TABLEAU
DES GRANDS HOMMES.

1er SIÈCLE.	ANNÉES de J.-C.	GRECS. La Grèce fait partie de l'empire romain.	ROMAINS.	GRANDEUR DES ROMAINS.
1er.	16.		Phèdre, auteur de fables purement écrites.	
	29.		Strabon, habile géographe.	
	55.		Sénèque, philosophe, précepteur de Néron.	
	59.		Quintilien, éloquent orateur.	
	62.		Perse, poëte satirique.	
	69.		Quinte Curce, historien, a écrit l'histoire d'Alexandre.	
	73.		Flavius Joseph, historien juif.	
	74.		Pline, célèbre naturaliste.	
	82.		Junéval, poëte satirique.	
	97.		Tacite, grand historien.	
	98.		Pline le jeune, littérateur.	
2e.	100.		Plutarque, historien.	
	104.		Suétone, grammairien et rhéteur.	
	161.	Athénée, littérateur grec.		
	162.	Lucien, littérateur très-élégant.		
	142.	Démétrius de Phalères, philosophe et littérateur.		
3e.	285.		Calpurnius, a composé des églogues.	
4e.	330.		Eusèbe, évêque de Cesarée, savant illustre.	
	361.		Julien, empereur romain, cultiva les lettres.	DÉCADENCE DE L'EMPIRE.
5e.	474.		Musæus, auteur du poème d'Héro et Léandre.	

(Colonne de gauche : Ère chrétienne.)

La Grèce fait partie de l'empire d'Orient, en 476.

Fin de l'empire romain d'Occident, en 476.

TABLE.

TROISIÈME ÉPOQUE (LES EMPEREURS).

TABLEAUX COMPLÉMENTAIRES.

FIN DE LA TABLE.

Imprimerie de Mme Ve Dondey-Dupré, rue Saint-Louis, 46, au Marais.

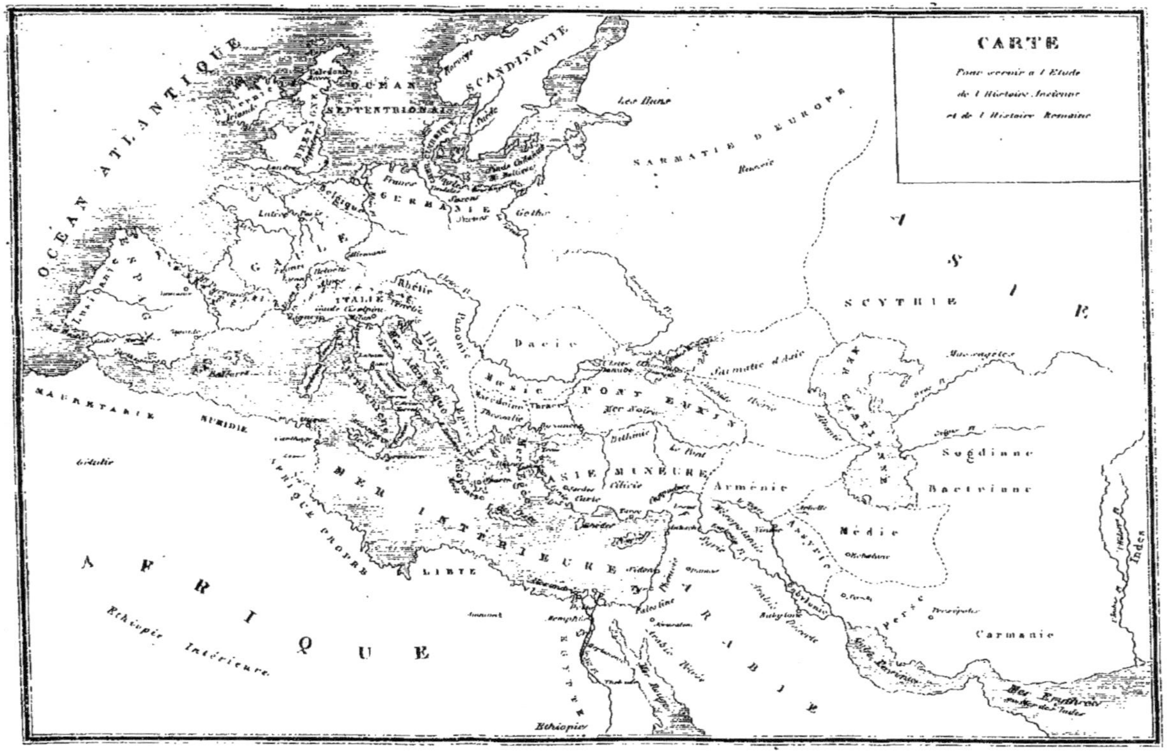

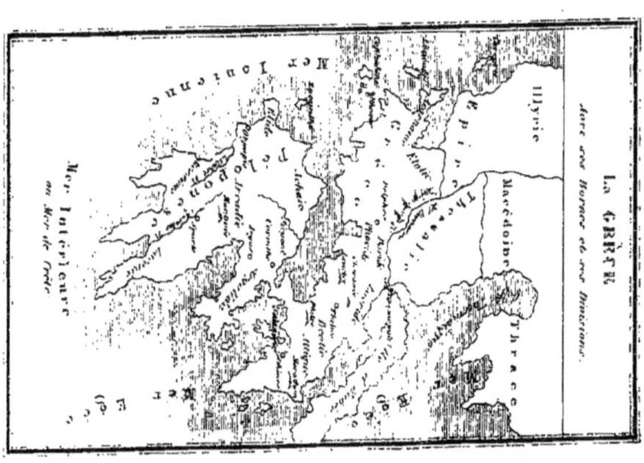

OCÉAN ATLANTIQUE
AFRIQUE
SCANDINAVIE
SARMATIE D'EUROPE
GERMANIE
GAULE
ITALIE
SCYTHIE
MER INTÉRIEURE
ASIE MINEURE
PONT EUXIN
MER CASPIENNE
Arménie
Assyrie
Médie
Perse
Carmanie
Sogdiane
Bactriane
Indes
CARTE
Pour servir à l'Étude
de l'Histoire Ancienne
et de l'Histoire Romaine

La GRÈCE
dans ses bornes les plus anciennes
Illyrie
Macédoine
Thrace
Épire
Thessalie
Péloponèse
Mer Ionienne
Mer Intérieure
ou Mer de Crète
Mer Égée

TABLEAU DE L'HISTOIRE ROMAINE,

COMPARÉE

A CELLES DE DIFFÉRENTS PEUPLES.

2e *Epoque.* — LA RÉPUBLIQUE.

Espace de cinq siècles environ, de 509 à l'an 28 avant J.-C.

SIÈCLES avant J.-C.	ANNÉES	ROME.	GRÈCE.	CARTHAGE.	GAULES cisalpine et transalpine.
6e.	509.	Établissement de la républ. Consulat.	. . . .	Traité de commerce.—Première alliance avec Rome.	
	508.	Siége de Rome par Porsenna.			
5e.	499.	Dictature.			
	493.	Établissement des tribuns.			
	491.	. . . .	1re guerre contre les Perses et les Grecs. *Miltiade* à Marathon.		
	480.	Guerre contre les Véiens. . . . . . Dévouement des 300 *Fabius.*	2e guerre contre les Perses. — Dévouement de *Léonidas* et des 300 Spartiates.		
	452.	Établissement des décemvirs. — Lois des XII tables.			
	449. etc.	. . . . , . . .	Gouvernement de PÉRICLÈS. — Guerre du Péloponèse.		
	415.		Expédition d'*Alcibiade* en Sicile.		
	407.	Établissement des troupes soudoyées.			
	401.	. . . .	Retraite des dix-mille.		
4e.	390.	Prise de Rome par les Gaulois. . . .	. . . .		Les Gaulois s'emparent de Rome. — *Brennus,* général.
	375.	. . . .	Guerre de Thèbes. — *Épaminondas. Pélopidas.*		
	360.		Règne de Philippe en Macédoine.		
	348.	. . . .	. . . .	Traité de commerce avec les Romains.	
	343. etc.	Guerre Samnite.			
	336. etc.		ALEXANDRE-LE-GRAND, roi de Macédoine. — Ses conquêtes.		
	301.		Partage de son empire.		
3e.	280.	Guerre de *Pyrrhus.*			
	278.	. . . .	Irruption des Gaulois dans la Grèce.	. . . .	Expédition des Gaulois en Grèce, en Macédoine, etc.
	264.	1re guerre punique. — *Régulus.*		1re guerre punique. *Amilcar.*	
	244.		Ligue des Achéens. — *Aratus.*		
	218.	2e guerre puniq. *Scipion l'Africain.*	. . . .	2e guerre punique. *Annibal.*	
		Bataille de Cannes perdue, de Zama gagnée.	. . . .	Bataille de Cannes gagnée, de Zama perdue.	
2e.	192.	Guerre d'Antiochus. . . . . *Scipion l'Asiatique.*	La Grèce est gouvernée par les successeurs d'Alexandre.		
	149.	3e guerre punique.	. . . .	3e guerre punique.	
	146.	Destruction de Carthage. . . . . . *Scipion Emilien.*	. . . .	Carthage est détruite. *Asdrubal.*	
	146.	Soumission de la Grèce.	La Grèce, *province romaine,* sous le nom d'ACHAIE.	La république de Carthage, *province romaine,* sous le nom de NUMIDIE.	
	146.	Prise et destruction de Corinthe.			
	146.	. . . .	La Grèce et la république de CARTHAGE, réduites en *provinces romaines,* font partie de l'empire romain.		
	133.	Destruction de Numance.			
	132.	. . . .			Les Romains pénètrent pour la première fois dans la Gaule transalpine.
1er et dernier siècle av. J.-C.	88. .	Guerre de *Mithridate.*			
	87. .	Guerre civile. — *Marius* et *Sylla.*			
	60. .	1er triumvirat de CESAR, Pompée et Crassus.			
	58. .	Conquête des Gaules par Jules-César.			
	45. .	CESAR, EMPEREUR.			Les Gaules conquises par Jules-César.
	43. .	2e triumvirat d'OCTAVE, Antoine et Lépide.			
	31. .	Bataille d'Actium.	FIN DE LA RÉPUBLIQUE, après cinq siècles environ de durée, de l'an 509 à l'an 28 avant J.-C.		Les GAULES deviennent provinces romaines.
	28. .	Oct. AUGUSTE, EMPEREUR.			

L'EMPIRE ROMAIN

COMPRENANT EN EUROPE : l'Italie, la Grèce, la Macédoine, l'Espagne, les Gaules, la Grande-Bretagne ;
EN ASIE : l'Asie-Mineure, la Syrie, la Phénicie, la Palestine, etc. ;
EN AFRIQUE : l'Égypte, la Numidie (anciennement Carthage), la Lybie, la Mauritanie, etc.

· (*Voyez la carte.*)

Ce tableau doit être placé en regard de la page 174.

NOM DE L'ÉTABLISSEMENT.

NOM DE L'ÉLÈVE.

Imprimerie de Vᵉ Dondey-Dupré, rue St-Louis, 46, au Marais.